Oración, clave del avivamie  blicos
e historias que te motivará

—[...] idente
general de las Asambleas de Dios

La vida de oración del Dr. Cho es la más escritural y congruente
que he conocido. Permite que tu ser cambie al leer, en oración,
este poderoso libro.

—LARRY STOCKSTILL, autor, pastor y
director ejecutivo de Surge Project

Oración, clave del avivamiento anima a la iglesia a continuar su
apasionada búsqueda de una poderosa vida de oración. En lo
particular, me siento motivado por el llamado a orar de manera
más eficaz y a comprometerme a forjar una vida dedicada a
hablar con Jesús.

—EDMOUND TEO, pastor principal de International
Christian Assembly, Hong Kong

Oración, clave del avivamiento traerá un toque fresco del Espíritu
Santo a todos los que practican su enseñanza.

—DR. BOB RODGERS, pastor principal de
Evangel World Prayer Center, Louisville, Kentucky

Nadie me enseñó los principios y el poder de la oración como
la vida y el ejemplo del Dr. Yonggi Cho. Doy gracias por este
libro y su enseñanza transformadora, que sin duda infundirá fe
y poder a una nueva generación de creyentes y les hará conocer
los secretos de la oración que ha de cambiar al mundo.

—Joakim Lundqvist, pastor de la congregación
Word of Life Church, Suecia

En 1984, tuve el privilegio de asistir a la Iglesia del Evangelio
Completo de Yoido en Seúl, Corea, pastoreada por el Dr. Yonggi
Cho. La intensidad con que las personas oraban en el servicio

de adoración me conmovió profundamente. Me di cuenta de lo poco que oramos en la iglesia occidental cuando vi miles de almas orar toda la noche, levantarse temprano para el tiempo de oración matutino y continuar ayunando y orando en la Montaña de Oración. Desde entonces, la oración se ha convertido en la máxima prioridad en nuestra congregación King's Cathedral and Chapels. Esa es la base para cumplir las visiones que Dios nos ha dado como grey. Agradezco a Dios por las enseñanzas del Dr. Cho acerca de la oración pero, más que nada, me regocija que las mismas fueron modeladas personalmente por los miembros de la Iglesia del Evangelio Completo de Yoido, cumpliendo así la palabra de Jesús cuando dijo: "Mi casa será llamada casa de oración". Así que prepárate para darle energía a tu vida de oración al leer este libro.

—Dr. James Marocco, pastor principal
de King's Cathedral and Chapels

La lectura de este libro te impulsará a tener un mayor deseo de orar y a aumentar la capacidad para hacerlo. Es crucial que la iglesia tenga acceso a esta obra hoy para que se conmueva y ore fervientemente por nuestras naciones y, a la vez, lleve el evangelio de Jesucristo al mundo perdido y moribundo. El contenido de esta obra del Dr. Cho y el Dr. Goodall aborda no solo los diversos tipos de oración, sino que también ofrece una guía valiosa sobre cómo entender los límites de la Palabra de Dios y en qué modo confiar en la dirección del Espíritu Santo. Este libro es una gran bendición para el cuerpo de Cristo. Espero que infunda mucha inspiración y bendición a la iglesia de Dios.

—Rvda. Margaret Court, pastora principal de
Victory Life Centre, Australia Occidental

Oración,
CLAVE
DEL
AVIVAMIENTO

**Aprende los secretos que
Dios desea compartir
contigo y sumérgete en su
profundo amor.**

DAVID YONGGI CHO
WAYDE GOODALL

CASA
CREACIÓN
Para vivir la Palabra

Para vivir la Palabra

MANTÉNGANSE ALERTA;
PERMANEZCAN FIRMES EN LA FE;
SEAN VALIENTES Y FUERTES.
—1 Corintios 16:13 (NVI)

 Oración, clave del avivamiento por David Yonggi Cho y Wayde Goodall
Publicado por Casa Creación
Miami, Florida
www.casacreacion.com
©2023 Derechos reservados

ISBN: 978-1-960436-16-0
E-book ISBN: 978-1-960436-17-7

Desarrollo editorial: *Grupo Nivel Uno, Inc.*
Adaptación de diseño interior y portada: *Grupo Nivel Uno, Inc.*

Publicado originalmente en inglés bajo el título:
Prayer: Key to Revival
Publicado por BroadStreet Publishing® Group, LLC
Savage, Minnesota, USA
Copyright © 2019 Yonggi Cho and Wayde Goodall

Nota de la editorial: Aunque el autor hizo todo lo posible por proveer teléfonos y
páginas de internet correctos al momento de la publicación de este libro, ni la editorial
ni el autor se responsabilizan por errores o cambios que puedan surgir luego de haberse
publicado.

Impreso en Colombia

23 24 25 26 LBS 9 8 7 6 5 4 3 2 1

"Si mi pueblo, que lleva mi nombre,
se humilla y ora, y me busca y abandona su
mala conducta, yo lo escucharé desde el cielo,
perdonaré su pecado y restauraré su tierra".
2 Crónicas 7:14

Contenido

PREFACIO

Por el Dr. Dick Eastman

El Dr. Arthur Tappan Pierson, reconocido maestro de la Biblia —que trabajó con el evangelista Dwight L. Moody— y sucesor del púlpito de Charles Spurgeon, escribió: "Casi siempre, si no siempre, la oración es tanto el punto de partida como la meta de cada instante en el que los factores que promueven el crecimiento y el avance espiritual están presentes. Cada vez que la iglesia se despierta y la maldad del mundo se detiene, es porque alguien ha estado orando". A eso, Moody agregó: "Cada gran movimiento de Dios puede remontarse a una figura arrodillada".

El Dr. Yonggi Cho, arrodillado, es una de las primeras imágenes que me vienen a la mente cuando leo esas palabras de Pierson y Moody. Cuando uno observa toda la historia de la iglesia y los instrumentos humanos que Dios ha utilizado para hacer avanzar el reino de Cristo, algunos vasos terrenales destacan entre los demás. Han sido, ante todo, hombres y mujeres de oración.

Tuve la alegría de conocer a Yonggi Cho y escucharlo predicar por primera vez cuando yo era un pastor juvenil de 21 años en Wisconsin. Nuestra iglesia fue la primera que visitó el Dr. Cho en Estados Unidos de América, solo unos años después de fundar lo que hoy es la Iglesia del Evangelio Completo de Yoido, una grey de cientos de miles de creyentes, en Seúl, Corea del Sur. Curiosamente, esa iglesia comenzó apropiadamente en una carpa, lo que me recordó a Moisés y la Tienda de reunión, donde la nube de la gloria de Dios se presentaba al entrar Moisés. La gloria de

Dios se movía, en oleadas, dentro de la carpa de Yonggi Cho. El resto es historia.

A menos de diez minutos de estar predicando Cho el mensaje del domingo por la mañana, supe que estaba escuchando a un hombre de oración. Se podía sentir en cada sílaba de ese joven pastor coreano cuyo inglés no era del todo fino. Por supuesto, escuchamos mucho más que sus palabras; escuchamos su corazón. ¡Qué extraordinario depósito de fe se invirtió en el mío aquella mañana! Pronto me encontré pasando las tardes y los sábados temprano postrado en unas tarimas de madera en la sala de hornos de la iglesia, donde sabía que nadie me molestaría. El hambre por Jesús y la pasión por los perdidos siempre consumieron mi oración. Cuando reflexiono en los pasados cincuenta y tres años de ministerio, desde entonces, creo que las semillas de fe se plantaron en mi corazón precisamente durante la exposición de ese mensaje aquel domingo por la mañana.

A lo largo de los años, volvería a contar la historia de mi primer encuentro con un verdadero hombre de oración en cientos de escenarios, donde enseñaría lo que se convirtió en la "Escuela de Oración Change the World", un estudio de varias horas con más de tres millones de estudiantes conmovidos en todo el mundo. Recientemente, unas cinco décadas después de esa mañana especial, tuve el gozo de predicar y dirigir una de las reuniones de oración matutina de los miércoles en la Iglesia del Evangelio Completo de Yoido, en Seúl. Me sorprendió que cada asiento de aquel gigantesco auditorio estuviera ocupado por un santo listo para clamar a Dios por un avivamiento y un despertar global. Fui testigo del fruto de un líder de oración que ha vivido una vida de oración ferviente y apasionada ministrando durante sesenta años.

En la sede de nuestro ministerio "Every Home for Christ", en Colorado Springs, Colorado, también se puede ver el fruto de las semillas del ministerio del Dr. Cho. Importamos cincuenta toneladas de piedra de Jerusalén, Israel, para construir un "Muro de Oración" (Isaías 62:6-7) con numerosas grutas para orar que llevan el nombre de las tribus de Israel, una inspiración que se remonta a mi experiencia con la oración en las grutas que hay en la Montaña de Oración del Dr. Cho, en Seúl, desde 1984.

Es comprensible por qué creo tan firmemente que Dios tiene un mensaje para los creyentes de todo el mundo con este libro —*Oración, clave del avivamiento*—, que muestra la trayectoria de oración del Dr. Cho y es coeditado por el Dr. Wayde Goodall, que además es mentor de Yonggi Cho. No sé si alguna vez he leído un libro que cubra más de los elementos de la oración efectiva que este. El intercesor no solo encuentra en estas páginas evidencia del impacto de la oración a lo largo de los siglos, y a través de grandes protagonistas de la oración y la fe, sino que también hay lecciones para equipar y capacitar al lector de manera que alcance mayores alturas en la oración eficaz de lo que jamás haya imaginado.

Los autores también se apresuran a enfatizar que Dios no tiene hijos favoritos en lo referente a la oración. Como yo también he acentuado a lo largo de los años, la oración es el ecualizador divino. Unos predican. Otros enseñan. Aun otros cantan. Pero todos pueden orar. ¡Sí, se puede orar como Pedro, Pablo e incluso como el Dr. Cho! Por supuesto, como cualquier habilidad o esfuerzo, la oración se puede cultivar; debe cultivarse. El valor de recursos como *Oración, clave del avivamiento* yace en la inspiración y la perspicacia que brindan en este proceso de cultivo. Este recurso equipa y anima a los creyentes a permanecer fieles y perseverantes.

Así que te invito a pasar la página y comenzar una búsqueda renovadora del poder de la oración. Muy bien podría ser la clave para tu renacimiento personal. No te decepcionará.

—Dr. Dick Eastman
Presidente internacional de "Every Home for Christ" y
del Comité Nacional de Oración de Estados Unidos

INTRODUCCIÓN

N uestro Señor Jesucristo vivió una vida de oración: "Por aquel tiempo se fue Jesús a la montaña a orar y pasó toda la noche en oración a Dios" (Lucas 6:12). Su ministerio público se inauguró con el ayuno y la oración (Mateo 4:1-2); por medio de eso siempre tuvo una comunión íntima con Dios Padre, todo lo logró con su poder. Incluso antes del sufrimiento de la cruz, Jesús oró para obedecer la voluntad de Dios y no la suya (Marcos 14:36). La vida de oración de Jesús comprueba que la oración es el fundamento de la auténtica espiritualidad y uno de los elementos centrales de la vida cristiana.

El reverendo Dr. David Yonggi Cho es uno de los más grandes hombres de oración en la historia cristiana. Lo que logró fue hecho a través de sus oraciones ardientes. Antes de dar sermones el domingo, iba a la Montaña de Oración Osanri todos los sábados para orar a Dios con el fin de que le diera poder y sabiduría para predicar el evangelio a su congregación. Todos los días oraba por más de tres horas, que fue su rutina desde el momento de su formación en el seminario teológico.

Como segundo pastor principal de la Iglesia del Evangelio Completo de Yoido, he tratado de orar tanto como puedo. Creo que mi éxito ministerial depende de la oración. Esta no puede separarse de la vida de fe. Muchos cristianos, sin embargo, experimentan dificultades por su falta de oración. Aunque ella constituye el aliento de la vida espiritual, no oran. Sin oración, no podemos caminar con el Espíritu Santo y mantener nuestra fe. Los cristianos, por lo tanto, siempre debemos orar; por medio de eso podemos mantener la plenitud del Espíritu Santo y disfrutar de una profunda comunión con Dios. Cuando oramos, llegamos a conocer el corazón de Dios y a ser guiados por su visión.

Es un honor para mí escribir una introducción para *Oración, clave del avivamiento*, el segundo libro en coautoría del Rev. Dr. David Yonggi Cho y el Dr. Wayde Goodall. El primer libro de ellos, *Fe*, trató sobre la teología y la espiritualidad del Dr. Cho. La oración delinea toda la vida de oración, como la motivación de la oración, los tipos y formas de oración y los métodos de oración. Este libro proporciona un mapa de la oración a los lectores. Los cristianos que no entienden qué es la oración ni cómo deben orar pueden obtener ideas brillantes y una ayuda valiosa de este trabajo.

Oro para que Dios presente sabiduría y fortaleza a todos los que lean esta obra para que sean más diligentes en sus oraciones y disfruten de la bendición y la gracia de Dios.

—Dr. Younghoon Lee
Pastor principal de la Iglesia del Evangelio Completo de Yoido

LA ORACIÓN ES LA LLAVE

Después de esto vi una enorme multitud de todo pueblo y toda nación, tribu y lengua, que era tan numerosa que nadie podía contarla. Estaban de pie delante del trono y delante del Cordero. Vestían túnicas blancas y tenían en sus manos ramas de palmeras. Y gritaban con gran estruendo:

"¡La salvación viene de nuestro Dios que está sentado en el trono y del Cordero!".

—Apocalipsis 7:9-10 NTV

Cuando el diablo ve a un hombre o a una mujer que realmente cree en la oración, que sabe cómo orar —que en verdad ora— y, sobre todo, cuando ve a toda una iglesia postrada ante Dios en oración, tiembla como nunca ha temblado, porque sabe que su tiempo en esa iglesia o comunidad ha llegado a su fin.[1]

—R. A. Torrey

En el transcurso de escribir este libro, la Iglesia del Evangelio Completo de Yoido ha crecido en cientos de miles de miembros con cientos de iglesias satélite y muchos cientos de misioneros. En mayo de 2018, la iglesia celebró sesenta años de ministerio en Corea y fuera de nuestro país.

Yo (el Dr. Cho) creo que *el avivamiento personal y la renovación provienen de la oración*. A través de la historia del cristianismo, esa ha sido la clave de cada avivamiento. La oración es una poderosa y sobrenatural llave que todos los creyentes y líderes deben comprender tanto a nivel personal como de la iglesia en general. Este maravilloso regalo es la respuesta a tus necesidades personales y te ayudará a escuchar los secretos que Dios desea compartir con los fieles seguidores de Jesucristo.

La iglesia del primer siglo nació cuando el Espíritu Santo descendió durante un tiempo de oración intensa (Hechos 2). Después de la resurrección y ascensión de Jesús, Lucas escribió: "Y estaban continuamente en el Templo alabando a Dios" (Lucas 24:53). Los discípulos estaban unidos en oración. "Todos, en un mismo espíritu, se dedicaban a la oración, junto con las mujeres, y con los hermanos de Jesús y su madre María" (Hechos 1:14).

El Libro de los Hechos abarca aproximadamente treinta años de la historia de la primera iglesia. Antes del primer viaje misionero, hubo mucha oración. A través de un tiempo de ayuno y oración, el Espíritu Santo reveló a los líderes de la iglesia de Antioquía que debían enviar a Bernabé y Saulo a realizar la obra que se les había designado: "Mientras participaban en el culto al Señor y ayunaban, el Espíritu Santo dijo: 'Apártenme ahora a Bernabé y a Saulo para el trabajo al que los he llamado'" (13:2).

Martín Lutero estaba desconcertado con el ambiente religioso en el que vivía. Su profunda pasión por la piedad individual lo llevó a pasar mucho tiempo en oración durante su época de profesor de teología en la Universidad de Wittenberg. De modo que, en el invierno de 1512, se enclaustró en una habitación dentro de la torre del Monasterio Negro en Wittenberg a orar por lo que estaba descubriendo en las Escrituras. Como resultado, nació el movimiento conocido como la Reforma, en 1517; después de esa temporada de oración y estudio de la Palabra. La Reforma nos brinda una comprensión más profunda de la verdad bíblica en cuanto a la justificación por la fe. Hombres y mujeres ya no necesitan vivir bajo el absurdo yugo de trabajar para obtener la salvación. La salvación es un regalo de Dios a través de la fe.

A la verdad, no me avergüenzo del evangelio, pues es poder de Dios para la salvación de todos los que creen: de los judíos primeramente, pero también de los que no son judíos. De hecho, en el evangelio se revela la justicia que proviene de Dios, la cual es por fe de principio a fin, tal como está escrito: "El justo vivirá por la fe" (Romanos 1:16-17).

Después que las llamas del avivamiento que se extendieron por toda Europa comenzaron a debilitarse, comenzó la Era de la Ilustración. Este nuevo movimiento comenzó en las artes y se extendió a todos los sectores de la sociedad europea. Surgió una nueva energía para el concepto pagano del supremo valor de la humanidad. La razón se convirtió en el medio por el cual las personas juzgaban la verdad y la realidad, pero —además— la fe parecía carecer de importancia. La gente comenzó a recurrir a la razón en vez de "caminar por fe". Se necesitaba, de manera urgente, un derramamiento del Espíritu Santo sobre los creyentes; pero la razón parecía tener más lógica para la gente. El alejamiento teológico de la fe, la creencia, la dedicación, la inerrancia de las Escrituras, la dependencia del Espíritu Santo y la perseverancia es algo peligroso.

A inicios del siglo diecinueve, Dios habló a John Wesley, hijo de un ministro anglicano de Epworth, Inglaterra. Cada vez más insatisfecho con la condición de la Iglesia de Inglaterra, se conmovió profundamente por la gran necesidad de los pobres que se habían congregado en las ciudades, donde vivían en situaciones paupérrimas. Una noche, el 24 de mayo de 1738, a quince minutos antes de las nueve, mientras escuchaba la lectura del prefacio de Lutero a la Epístola a los Romanos, experimentó una conversión genuina, por lo que nació de nuevo. Wesley, su hermano Charles y George Whitfield comenzaron a reunirse para pasar largas horas orando y ayunando. A medida que la Iglesia de Inglaterra les cerraba las puertas a su ministerio, empezaron a ministrar a grandes multitudes en Gran Bretaña y en Estados Unidos de América. Miles se congregaban para escuchar la poderosa y ungida predicación de la Palabra de Dios. Entonces nació el avivamiento metodista.

Un poco más adelante, en el mismo siglo diecinueve, la iglesia protestante nuevamente se alejó del curso establecido por los primeros reformadores y comenzó a cuestionarse si la Biblia, verdaderamente, no tenía errores. Se empezaba a poner en duda la inerrancia de la Palabra de Dios. Cuestionar la autenticidad de las Escrituras es algo peligroso. Sin embargo, ese alejamiento es un desafío que permanece latente en la iglesia de hoy. El resultado fue que la gente comenzó a abandonar las iglesias tradicionales. ¿Qué hicieron? Se quedaban en sus casas. Hacia finales del siglo diecinueve, Dios levantó a evangelistas, pastores y escritores de himnos como Charles Finney, Dwight L. Moody, R. A. Torrey, William y Catherine Booth, Fanny Crosby y Maria Woodworth-Etter. Como parte de ese Gran Avivamiento, estos hombres y mujeres predicaron y lideraron bajo la unción del Espíritu Santo, motivados por la oración y el ayuno constantes.

En el siglo veinte, el clima espiritual volvió a aumentar. En Los Ángeles, California, el Espíritu Santo descendió otra vez en 1906, en un movimiento llamado el Avivamiento de la Calle Azusa. Los metodistas y los cristianos de la corriente de santidad habían estado ayunando y orando por el avivamiento cuando el Espíritu Santo cayó como en el segundo capítulo de los Hechos. Jesús les había dado a aquellos que estaban reunidos el bautismo en el Espíritu Santo con el don de hablar en lenguas. Este avivamiento, que más tarde se llamó pentecostalismo, se ha extendido por todo el mundo. En nuestros días, la mayoría de la iglesia en el mundo es pentecostal o carismática.

Ya estamos en el siglo veintiuno. Muchos pentecostales y carismáticos (miembros o ex miembros de iglesias tradicionales que experimentan el bautismo en el Espíritu Santo con el don de lenguas) sienten el mismo secularismo que ha penetrado en gran parte de la iglesia. Hasta en las universidades cristianas y seminarios se han permitido, en estos tiempos, que la cultura modifique las verdades que alguna vez sostuvieron y han comenzado a alejarse de su misión y su fundamento original con su correspondiente cosmovisión bíblica. La inerrancia de las Escrituras; la definición del matrimonio como un pacto entre un hombre y una mujer; el pronto regreso de Cristo; la llenura del Espíritu Santo; todo eso se cuestiona en vez de ser promovido. Los estudiantes, a menudo, abandonan las instituciones cristianas llenos de dudas y cuestionando las Escrituras en vez de amar las verdades que se presentan en la Palabra inspirada de Dios.

Los dirigentes de la iglesia primitiva estaban llenos y saturados del Espíritu Santo. Por tanto, lo que se necesita en nuestras iglesias, universidades cristianas y en todas nuestras vidas en estos tiempos es un nuevo derramamiento del Espíritu Santo.

¿Qué traerá ese avivamiento que puede alejar al mundo del borde de la destrucción total y la aniquilación? La respuesta es ¡un nuevo llamado a la oración!

"Si mi pueblo, que lleva mi nombre, se humilla y ora, y me busca y abandona su mala conducta, yo lo escucharé desde el cielo, perdonaré su pecado y restauraré su tierra" (2 Crónicas 7:14).

Nunca en la historia del mundo moderno ha habido una efusión de influencia satánica tan poderosa como la que existe hoy y que vemos de manera tan descarada. Desde las profundidades del infierno, Satanás ha causado estragos en todas las naciones del mundo. Los informes frecuentes de asesinatos, violaciones, maltratos, terrorismo, odio, mentira, abuso a las mujeres, confusión de género y terribles crímenes contra las personas son todos inspirados por el enemigo de nuestras almas. El reconocido evangelista de nuestra era, Billy Graham, dijo: "Nunca subestimes el poder de Satanás, ni su capacidad para engañarnos y hacernos pensar que no debemos temerle. Es más, ¡incluso engaña a algunas personas haciéndolas creer que no existe! Él no es tan poderoso como Dios, pero sigue siendo una enérgica fuerza espiritual que opera contra Dios en todas las formas que puede".[2]

Mi (Dr. Cho) deseo es compartir contigo la experiencia que tuve al haber orado durante más de sesenta años para que te sientas motivado a comprender la oración y, a la vez, empieces a orar sin cesar.

Así como la predicación de los Wesley evitó que Gran Bretaña siguiera el camino de la revolución que abordó Francia en el siglo dieciocho, de igual manera un nuevo brote de avivamiento puede lograr los cambios sociales y políticos necesarios para evitar la destrucción global, la inmoralidad y la anarquía en la actualidad.

Este libro es importante para ti y para aquellos en los cuales ejerces influencia. Suponemos que la oración es un hábito y un estilo de vida que deseas desarrollar con ansias. En verdad, ¿cómo podemos sobrevivir a esta debacle sin buscar a Dios, desarrollar una maravillosa comunicación con nuestro Creador y entender cómo escuchar su voz?

Estamos convencidos de que la razón por la cual el Espíritu Santo te ha atraído a leer este libro proviene de un profundo deseo dentro de ti. Quieres comprender la oración y desarrollar una vida de oración. Mi (Dr. Cho) deseo es compartir contigo mi experiencia con la oración, de haber orado durante más de sesenta años, para que te sientas motivado a comprender la oración y a orar constantemente. Queremos que sepas por qué debes orar, cómo debes hacerlo y cuándo debes orar. Comprender los diversos tipos de oración que existen es muy importante. ¿Cuál es el vínculo entre la oración y el ayuno? ¿Por qué el ayuno aumenta la eficacia de la oración? ¿Es importante orar en un lenguaje desconocido (lenguas)? ¿Cómo podemos escuchar al Espíritu Santo? ¿Cuáles son las diferentes formas de orar? Responderemos estas y muchas otras preguntas en este libro.

Creemos que después de leer esta obra, no continuarás siendo el mismo. ¡Tus oraciones tendrán más poder! ¡Habrá un cambio notable en tu vida! Tu matrimonio, tus hijos, tus amigos, tus lugares de trabajo, tus relaciones con las personas y tu futuro se verán afectados por tus oraciones. Tu ministerio, el que el Espíritu Santo te ha dado, ¡será más efectivo!

> *Queremos que sepas por qué debes orar,*
> *cómo debes hacerlo y cuándo debes orar.*

Estamos partiendo de una premisa sencilla: Dios no tiene hijos preferidos. Lo que nos ha dado resultado a nosotros también te lo dará a ti. Lo que trajo poder a la vida de personas como Lutero, Wesley, Finney, Moody y tantos otros también puede brindarte poder a ti. No importa si eres ministro ordenado, ama de casa o un cristiano nuevo. Ni tu nivel de educación ni tu posición en la vida tienen importancia cuando se trata de la oración. Si Dios ha obrado a través de hombres y mujeres en el pasado, también puede hacerlo por medio de ti.

Una de las más grandes mentiras de Satanás es que no tenemos suficiente tiempo para orar. Todos tenemos las mismas veinticuatro horas cada día, noventa y seis segmentos de quince minutos cada día. Tenemos tiempo para dormir, comer y respirar. Sin embargo, tan pronto como te des cuenta de que la oración es tan importante como dormir, comer y respirar, te sorprenderá cuánto más tiempo tendrás disponible para practicarla.

A medida que leas y entiendas los principios que explicaremos a lo largo de esta obra, dedica tiempo para que ores mientras lees. Analiza los pasajes que se citan y ora pronunciando esos versículos. En este libro no solo encontrarás información o fórmulas para la oración, sino también las exitosas experiencias del Dr. Cho en la oración por más de sesenta años. La fe es contagiosa. A medida que observes a las personas que caminan con Dios, es posible que notes que su integridad, fidelidad y obediencia también se vuelven contagiosas.

Pablo animó a los primeros cristianos a imitar su fe. Desde el momento en que yo (Wayde) llegué a Cristo a través del ministerio de un misionero de las Asambleas de Dios, me he esforzado por imitar la fe de los líderes piadosos que aparecen en las Escrituras, la fe de los líderes de la historia de la iglesia y la de las personas a quienes he conocido particularmente y que caminan fieles al Señor. El pastor Cho es una de las personas a las que he observado y he intentado imitar tanto en su fe como en su vida de oración.

Así que les ruego que me *imiten* (1 Corintios 4:16 NTV).

En realidad, teníamos derecho a pedirles que nos ayudaran, pero preferimos trabajar para ganarnos el pan, y así darles un *ejemplo a seguir* (2 Tesalonicenses 3:9 TLA).

Acuérdense de sus dirigentes que les comunicaron la palabra de Dios. Consideren cuál fue el resultado de su estilo de vida e *imiten* su fe (Hebreos 13:7).

Confiamos completamente en el Espíritu Santo, que te ha dirigido a tomar este libro. Él te hablará y te dará nuevas revelaciones en cuanto a cómo y por qué orar y escuchar. Ora mientras lees estas páginas. Pídele al Espíritu Santo que traiga nueva revelación a tu vida y te muestre la profundidad del inmenso amor de Dios por ti.

PRIMERA PARTE

Nuestra motivación para orar

"Clama a mí y te responderé; te daré a conocer cosas grandes
e inaccesibles que tú no sabes".
—Jeremías 33:3

"Cualquier cosa que ustedes pidan en mi nombre, yo la haré;
así será glorificado el Padre en el Hijo".
—Juan 14:13

"Desean algo y no lo consiguen. Matan y sienten envidia, y no
pueden obtener lo que quieren. Riñen y se hacen la guerra.
No tienen, porque no piden".
—Santiago 4:2

El Señor Jesús ayunó durante cuarenta días y cuarenta noches
antes de iniciar su ministerio público. Durante su ministerio,
las Escrituras nos dicen que a menudo se apartaba para orar
solo. Hasta su último momento de vida en la cruz del Calvario,
vivió en oración.
—Yonggi Cho

CAPÍTULO 1

Ve a través de lo imposible

"Lo que pidan en mi nombre, yo lo haré".
—Juan 14:14

Ningún principio es más enfatizado por Cristo que el de que la oración predominante debe caracterizarse por la espera y la perseverancia, la audacia que nunca se rinde, la paciencia que nunca se cansa, la resolución que nunca vacila.
—E. M. Bounds

D ios nos ha creado de tal forma que, cuando entendemos *por qué* algo es importante, eso nos motiva mucho más para hacerla. A menudo, cuando vemos claramente por qué deberíamos hacer algo, nos sentimos llenos de energía para lograr mucho, aunque parezca imposible.

El *por qué*, a menudo, nos motiva a tener fe para *hacer*.

Cambiar es difícil para la mayoría de las personas. Mantener una vida de oración disciplinada y constante es un hábito que constituye un desafío para muchos. Sin embargo, cuando descubrimos la *razón* —el tremendo valor, el poder y las revelaciones que pueden surgir de una vida de oración— optamos por cambiar y desarrollar hábitos que impactarán nuestras vidas, que afectará a aquellos por quienes oramos e incidirá en lo que oramos. Cuando comprendas los asombrosos beneficios de la oración, cambiarás y harás de ello una de las prioridades más importantes de tu vida.

> *"Pídeme, y como herencia te entregaré*
> *las naciones; serán tu propiedad los*
> *confines de la tierra" (Salmos 2:8).*

La motivación actúa basada en el deseo. Para que alguien ore, simplemente, debe aprender a desear orar. Para orar, como requieren las Escrituras, debe surgir en el individuo un gran anhelo de hacerlo. ¿Cómo puedes desarrollar ese profundo deseo de orar? Debes ver los beneficios eternos y temporales de la oración.

Así que ¡anímate! Puedes ver y entender los poderosos beneficios de tus oraciones y, como resultado, tu corazón se abrirá. Dios te dará una mayor revelación de la manera en que te escucha y cómo responde a tu comunicación con él. Junto con Pablo, pedimos "al Dios de nuestro Señor Jesucristo, el Dios de gloria, que los haga inteligentes y capaces de discernir al conocerlo de manera personal, que tengan los ojos enfocados y limpios para poder ver con exactitud lo que los llama a hacer y comprender la inmensidad de este glorioso modo de vida que tiene para sus seguidores. Oh, la extravagancia total de su obra en los que confiamos en él: ¡una energía sin fin, una fuerza sin límites!" (Efesios 1:17-19 BEM).

Cuando estudiamos la Biblia, descubrimos oraciones poderosas. Por ejemplo, tenemos a Moisés, un hombre que tenía poder en la oración y era capaz de hablar con autoridad, no solo a los enemigos de Dios, sino también al pueblo del Señor. Cuando él oró, las plagas cubrieron a Egipto y se abrió el Mar Rojo delante de Israel. Pero, ¿cómo adquirió Moisés su poder en la oración? Simple, mediante una vida de oración.

Moisés asesoró a Josué, y este imitó la fe de su mentor, su padre en la fe. Mientras Moisés estaba orando en el monte, Josué también pasaba la noche en oración al pie del mismo. Él observaba a Moisés, estaba cerca de Moisés y fue leal a él. Su mentor demostró cómo hacer lo que parecía imposible.

Josué vio la poderosa mano de Dios obrar en su vida personal y como líder. Sirvió al Señor con su familia, conocía la voluntad y la estrategia de Dios en la batalla. Por lo tanto, ciudades poderosas cayeron ante el ejército no entrenado que él lideraba. ¿Cómo desarrolló Josué tanto poder con Dios? Había aprendido a orar.

David era un hombre dado a la oración. Cuando fue ungido como rey de Israel, Saúl seguía en el trono. David podría haberse desanimado por el hecho de que solo unos pocos reconocieran su reinado, sin embargo, la oración lo llevó a confiar. Esperó al Señor para que lo pusiera en el trono físico de Israel. David tenía una relación lo suficientemente firme con el Señor como para no matar a Saúl cuando tuvo la oportunidad. Después que este murió, lo primero que David hizo como rey reconocido de Israel fue traer el arca del pacto a su lugar legítimo en el centro del culto de Israel. Cuando observamos el poder en el reino y la vida de David, podemos ver de dónde procede: de su vida de oración. Estaba comprometido con la oración porque supo que Dios le respondería: "Dios mío, a ti clamo porque tú me respondes; inclina a mí tu oído y escucha mi oración" (Salmos 17:6).

> *Dios mío, a ti clamo porque tú me respondes; inclina a mí tu oído y escucha mi oración (Salmos 17:6).*

Elías, otro caso, fue profeta de Dios durante uno de los peores tiempos de la historia de Israel. Por aquel entonces, el pueblo había empezado a adorar a Baal, por lo que Elías oró poderosamente desafiando a los profetas del falso dios. Al evocar su historia, pensamos en el poder que tenía; pero debemos considerar el origen del mismo. Elías era un hombre de oración, que pasaba horas —e incluso días— orando. Esa fue la razón por la que, cuando el profeta fue arrebatado en el torbellino por el carro de fuego, los hijos de los profetas lo buscaron en los montes de Israel (2 Reyes 2).

Sin embargo, nadie ha manifestado jamás el poder de Dios como su Hijo Jesucristo. Antes de que iniciara su ministerio público, Jesús dedicó tiempo a estar con el Padre en oración y sabemos —por las mismas Escrituras— que pasaba largos periodos orando a solas. Ese fue el origen de su poder. El Señor no podía hacer nada a menos que el Padre se lo revelara.

Por aquel tiempo se fue Jesús a la montaña a orar y pasó toda la noche en oración a Dios (Lucas 6:12).

Después de despedir a la gente, subió a la montaña para orar a solas. Al anochecer, estaba allí él solo (Mateo 14:23).

¿Estás cansado de las ineficaces oraciones que oyes salir de tu boca? ¿Estás dispuesto a que tu iglesia tenga un poderoso ministerio de oración para que tu vecindario, ciudad o estado conozca el poder que hay en ella? Si ese es tu deseo, y estás listo para hacer cualquier cosa y pagar cualquier precio a fin de conseguirlo, entonces prepárate porque Dios va a cambiar de un modo dramático tu vida y tu ministerio, introduciéndote a una nueva dimensión de poder.

No hay razón para que en tu iglesia no ocurran milagros, de manera periódica, en tu vida, ni tampoco para que los pecadores no sean atraídos por el Espíritu Santo en tu congregación. Tus oraciones pueden impactar, de manera dinámica, a aquellos a quienes amas, al ministerio en el que estás involucrado, a tu lugar de trabajo y a todo lo que haces. No hay razón por la cual los no cristianos no deberían sentirse atraídos hacia ti cuando oras por ellos. Si eres pastor o líder de una iglesia, no hay razón por la que los pecadores no deberían sentirse atraídos hacia tu iglesia y tu ministerio.

Dios siempre ha usado a su pueblo para impactar ciudades, naciones y regiones completas. Una de esas personas fue Charles Finney. Las historias de su influencia en el reino de Dios están llenas de una fe que proviene de la oración. Una de esas ocasiones ocurrió cuando pasó por una pequeña comunidad en el norte del estado de Nueva York. Houghton, Nueva York, era una ciudad normal pero, un día, mientras el tren de Charles Finney pasaba, el Espíritu Santo descendió sobre los pecadores que había en la comunidad. Los hombres que estaban en los bares cayeron de rodillas bajo la convicción del Espíritu Santo y le pidieron a Jesucristo que los salvara. Hay muchos ejemplos de cómo Dios utilizó a ese abogado convertido de manera poderosa.

Finney parecía estar tan ungido por el Espíritu Santo que, a menudo —y con simplemente mirarlo— las personas eran redargüidas de su pecado. Durante una serie de reuniones en Utica, Nueva York, visitó una gran fábrica en la que se puso a observar las máquinas. Al verlo, uno de los trabajadores, y luego otro, y después otro más, se compungieron y comenzaron a llorar bajo la convicción de que eran pecadores y finalmente, estaban tantos sollozando y llorando que tuvieron que detener las máquinas mientras Finney los dirigía a Cristo.[3]

Finney relata lo siguiente acerca de una ocasión en la que estaba predicando:

> "Yo no les había hablado en este tono directo, por más de quince minutos, cuando de repente una profunda solemnidad pareció posarse sobre ellos. Algo parecido a una especie de destello recorrió la congregación, como si la propia atmósfera se agitara. La congregación comenzó a salir de sus asientos; cayeron en todas direcciones clamando por misericordia. Si hubiera tenido algo en mi mano, no habría podido sacarlos de sus asientos tan rápido. De hecho, casi toda la congregación cayó de rodillas y estaba postrada, supongo, en menos de dos minutos desde ese primer derramamiento que cayó sobre ellos. Todos oraban o al menos eso intentaban, si eran capaces de hablar algo. Por supuesto, tuve que dejar de predicar, puesto que ya no prestaban atención".[4]

Si el Espíritu Santo confirió tal poder a Charles Finney, ¿acaso no nos dará a nosotros esa misma clase de ministerio poderoso? El abogado Finney pocas veces hablaba de la clave de su poder; no obstante, sabemos por medio de numerosos relatos que el origen de dicho poder eran las horas que el siervo de Dios pasaba orando.

Estoy (Dr. Cho) convencido de que en Corea solo hemos visto el comienzo del avivamiento que Dios nos ha prometido. La membresía de la Iglesia del Evangelio Completo de Yoido es de muchas centenas de miles. Nuestras iglesias subsidiarias también cuentan con decenas de miles de miembros, por lo que —a través de nuestros numerosos ministerios y misioneros— somos capaces de impactar a muchos para Jesucristo. La oración, así como el escuchar y obedecer al Espíritu Santo, son fundamentales en todo lo que hacemos. Estamos agradecidos por todo lo que Dios ha hecho; sin embargo, creo que aún no hemos visto el poder de Dios como lo veremos en el futuro, si somos fieles.

Agradezco mucho a nuestro pastor principal, el Dr. Yonghoon Lee. Ambos creemos que la oración, escuchar y obedecer al Espíritu Santo, es la razón por la cual durante más de sesenta años Dios ha bendecido a nuestra iglesia de esta manera. Y sentimos que cosas aún mayores están por venir.

En la iglesia, el poder de Dios no solo se manifiesta en sanidades, liberaciones de espíritus malignos y conversiones masivas al cristianismo; también se ve en el *cielo abierto* que está sobre nuestro país. ¿Qué quiero decir con esto? Cuando un país experimenta un cielo abierto, hay liberación y libertad espiritual para predicar el evangelio. El nivel de fe es alto y no se encuentra mucha oposición espiritual. En algunos países, es difícil predicar debido a tanta oposición espiritual. Las fuerzas satánicas que se oponen al evangelio son fuertes y no hay mucha fe. Eso perturba a aquellos que ministramos la Palabra de Dios.

La Escritura nos brinda muchos ejemplos de un cielo abierto. En Génesis 28 tenemos la historia de Jacob, que se quedó dormido y tuvo un sueño con una escalera que descendía del cielo. Los ángeles subían y bajaban por la escalera. Dios estaba en la cima de ella. Ese sueño llevó a un gran cambio en las acciones de Jacob y en el rumbo de su vida.

Ezequiel experimentó un cielo abierto y lo describe en Ezequiel 1:28: "El resplandor era semejante al del arcoíris cuando aparece en las nubes en un día de lluvia. Tal era el aspecto de la gloria del Señor. Ante esa visión, caí rostro en tierra y oí que la voz de alguien que hablaba".

Vemos los cielos abiertos en el bautismo de Jesús. "Tan pronto como Jesús fue bautizado, subió del agua. En ese momento se abrió el cielo y vio al Espíritu de Dios bajar como una paloma y posarse sobre él. Y una voz desde el cielo decía: 'Este es mi Hijo amado; estoy muy complacido con él'" (Mateo 3:16-17).

El primer mártir de la iglesia primitiva fue Esteban. Debido a su fe en Jesús y su poderoso ministerio, fue apedreado hasta la muerte. Antes de morir, vio el cielo abierto. "Al oír esto, rechinando los dientes, se enojaron mucho contra él. Pero Esteban, lleno del Espíritu Santo, fijó la mirada en el cielo y vio la gloria de Dios y a Jesús de pie a la derecha de Dios" (Hechos 7:54-55).

Uno de los mayores perseguidores de la iglesia primitiva fue Saulo (también conocido como Pablo). Este experimentó un cielo abierto cuando se dirigía a buscar y perseguir a los cristianos en Damasco. En su camino, una luz brillante lo hizo caer al suelo y oyó la voz de Jesús.

—¿Quién eres, Señor? —preguntó.

—Yo soy Jesús, a quien tú persigues —contestó la voz—. Levántate y entra en la ciudad, que allí se te dirá lo que tienes que hacer (Hechos 9:5-6).

La vida de Saulo cambió y entregó su vida a Jesucristo. Saulo pasó a ser conocido como Pablo el apóstol, que escribió trece libros de la Biblia y fue quizás uno de los más grandes predicadores de la iglesia primitiva.

El apóstol Pedro tuvo una experiencia similar cuando "vio el cielo abierto y algo parecido a una gran sábana que, suspendida por las cuatro puntas, descendía hacia la tierra" (Hechos 10:11).

Estaba en su meditación diaria cuando le llegó la revelación de que los gentiles también estaban incluidos en la salvación a través de Cristo. Pedro recibió esta revelación a través de su experiencia con el cielo abierto. Es probable que seas un cumplimiento de esa revelación de cielo abierto para Pedro.

El apóstol Juan experimentó un cielo abierto cuando estaba en prisión en la isla de Patmos. Estaba adorando a Dios y tuvo una visión: "Después de esto miré y allí en el cielo había una puerta abierta. Y la voz que me había hablado antes con sonido como de trompeta me dijo: 'Sube acá: voy a mostrarte lo que tiene que suceder después de esto'. Al instante vino sobre mí el Espíritu y vi un trono en el cielo y a alguien sentado en el trono" (Apocalipsis 4:1-2).

En Corea, yo (Dr. Cho) he encontrado que es más fácil predicar que en casi cualquier otro lugar. Dios nos ha dado un cielo abierto. Cuando predico la Palabra de Dios, los pecadores responden inmediatamente deseando la salvación. ¿Por qué tenemos esta atmósfera espiritual? Por *el poder de la oración*.

La oración no solo produce poder colectivo, sino que también genera poder individual. He aprendido, en mi propia vida particular y ministerial, que debo depender del poder del Espíritu Santo. No es fuerza ni poder natural, sino el Espíritu Santo el que realiza esas grandes cosas para Dios. "No será por la fuerza ni por ningún poder, sino por mi Espíritu —dice el Señor de los Ejércitos—" (Zacarías 4:6).

¿Cómo pude pastorear una iglesia de cientos de miles, administrar decenas de miles de grupos pequeños, ministerios y presupuestos necesarios para facilitar numerosos programas ministeriales y, a la vez, tener tiempo para viajar por todo el mundo ministrando a líderes y congregaciones? El ministerio que Dios me ha llamado a liderar puede ser abrumador, y si no oro y escucho al Espíritu Santo, me sentiría desesperanzado en lo que hago. La respuesta a todo esto es que el poder proviene del Espíritu Santo y mi parte es dedicar mi vida a la oración.

A medida que envejezco, dependo de su poder mientras sigo teniendo sueños y visiones de lo que el Señor me pide que haga. Las personas acuden a mi oficina en busca de oración. He visto al cojo caminar, al ciego ver y al paralítico saltar de su silla de ruedas por el poder de Dios. ¿Acaso soy especial? Dios no tiene hijos especiales. Somos coherederos con Cristo (Romanos 8:17). Hombres y mujeres, todos ustedes pueden tener poder en la oración si están dispuestos a pagar el precio.

> *Además de escuchar tus palabras,*
> *las personas captan tu actitud.*
> —John Maxwell

Para desarrollar este tipo de poder en la oración, debemos cambiar nuestra actitud. En el Evangelio de Mateo, Jesús hizo una declaración revolucionaria acerca de la actitud necesaria para producir poder espiritual. Algunos se acercaron a Jesús en relación a Juan el Bautista después de que este hubiera sido encarcelado. Jesús testificó sobre la distinguida posición de Juan el Bautista cuando afirmó: "Les aseguro que entre los mortales no se ha levantado nadie más grande que Juan el Bautista; sin embargo, el más pequeño en el reino de los cielos es más grande que él" (11:11).

¿Cómo podría un hijo de Dios que está en el reino de los cielos llegar a ser incluso mayor que Juan el Bautista? En el siguiente versículo, Jesús reveló la actitud necesaria para desarrollar poder espiritual: Desde los días de Juan el Bautista hasta ahora, el reino de los cielos ha venido avanzando contra viento y marea, y los que se esfuerzan logran aferrarse a él (v. 12).

Es necesario un compromiso enérgico con la oración para traer el poder de Dios a nuestras vidas. La seriedad de ese compromiso ha de ser más evidente en nuestra disciplina para orar. El poder en la oración requiere mucho tiempo. Por esa razón, debemos establecer prioridades para nuestro tiempo. Muchas cosas tratarán de evitar que dediquemos el tiempo necesario para desarrollar el poder en la oración. Por la gracia de Dios, podemos alcanzar el premio de la oración llena de poder si asumimos la actitud adecuada.

Pablo habló de esta actitud cuando, guiado por el Espíritu Santo, escribió: "Oren sin cesar" (1 Tesalonicenses 5:17). La Escritura no nos dice que necesitemos orar verbalmente todo el día y toda la noche.

Orar es más que pronunciar palabras; es la actitud de nuestra vida. Debemos estar siempre dispuestos a orar. A veces no podemos expresar con palabras cómo nos sentimos o lo que percibimos. En esos momentos, "el Espíritu mismo intercede por nosotros con gemidos indecibles. Y el que escudriña los corazones sabe cuál es la intención del Espíritu, porque conforme a la voluntad de Dios intercede por los santos" (Romanos 8:26-27). Aunque no tengamos las palabras adecuadas para expresar nuestras oraciones, podemos orar. Toda nuestra vida puede tener una actitud de oración. Cuando no sabemos qué decir, el Espíritu Santo siempre sabe cómo orar. Nuestra vida entera, no solo las palabras que pronunciamos, hace que nuestras oraciones sean poderosas y efectivas.

> Dedíquense a la oración: perseveren
> en ella con agradecimiento.
> —Colosenses 4:2

CAPÍTULO 2

La oración genera quebrantamiento y humildad

Recompensa de la humildad y del temor del Señor son las riquezas, la honra y la vida.
—Proverbios 22:4

La vida cristiana no es un constante estado de euforia. Tengo mis momentos de profundo desánimo. Debo acudir a Dios en oración con lágrimas en los ojos y decirle: "Oh Dios, perdóname" o "Ayúdame".
—Billy Graham

En el transcurso de estos últimos sesenta años, he (Dr. Cho) aprendido que Dios no puede usar a una persona que no esté quebrantada y totalmente rendida a él. Tras su resurrección, Jesús fue a ver a Pedro y otros de sus discípulos que estaban pescando. Cuando el Señor vio a Pedro en su barca de pescador, este tuvo una reacción: se sintió redargüido de pecado (Juan 21). Habiendo negado a Jesús tres veces, fue quebrantado por la gracia y el perdón de Cristo. Después de la ascensión de Cristo; a Pedro se le dio la oportunidad de predicar —en el día de Pentecostés— el primer sermón de la historia de la iglesia. Como resultado del ministerio de Pedro, tres mil personas vinieron a Cristo ese día; y el Señor lo utilizó también para abrir la puerta espiritual al mundo gentil. A Dios le fue posible usar a Pedro una vez que este fue quebrantado.

He conocido a muchos que no están sirviendo a Dios en la actualidad por causa de pecados pasados. Tal vez culpen al pastor o a algún otro cristiano por ello; pero en sus corazones saben que han fallado y no han aprendido. Cuando un creyente comete una equivocación, siempre trato de ayudarlo a restaurar su vida. Le explico que ese error puede ser un medio para aprender a presentarse quebrantado y humilde delante de Dios.

La falta de quebrantamiento hace que una persona usada por Dios se vuelva orgullosa y altiva. Sin embargo, cuando un hombre ha sido quebrantado, su corazón resiste al orgullo. Por lo tanto, Dios puede usarlo en mayor medida. Muchos no entienden las ventajas de ser quebrantados y llevar una vida de humildad. Los autores y maestros judío-mesiánicos Neil y Jamie Lash de "Jewish Jewels" sienten que "la palabra 'quebrantamiento' normalmente no evoca imágenes positivas ni felices. Pensamos en corazones rotos, relaciones rotas, cosas rotas y promesas rotas. Pero las Sagradas Escrituras dejan claro que los pensamientos y los caminos de Dios son más altos que los nuestros. El quebrantamiento, en la economía de Dios, es un requisito previo y necesario para el amor, la alegría, la paz y la comunión con él que nuestro Creador anhela profundamente para nosotros".[5]

¿Cómo se manifiestan el quebrantamiento y la humildad en la oración? Cuando entras en contacto con Dios en tu tiempo de oración, lo primero que sientes en tu corazón, al estar en su divina presencia, es una concreción de tu pecado. Nadie puede sentir orgullo en la presencia del Dios santo. Una vez que percibes tu falta de *calificaciones naturales* para estar en su santa presencia, comenzarás a confesar tu pecado y a humillarte ante Dios. Esto no significa que no tengas lugar ante el trono de la gracia. De hecho, el acceso expedito ha sido pagado por ti mediante la sangre de Jesucristo. Sin embargo, te das cuenta de que no tienes calificaciones naturales para estar allí, y tu reacción inmediata es de quebrantamiento. ¡Este y el orgullo no pueden coexistir!

Por curioso que parezca, *al entrar en la presencia de Dios*, serás consciente de reacciones, actitudes y acciones que quizás hayas olvidado. Así como Pedro no pudo soportar tener a Cristo en su barca debido al reconocimiento de su pecado, tú también te das cuenta de tu gran necesidad ante su santa presencia.

La siguiente reacción muy natural ante la presencia de Dios es desear ser perdonado de tu pecado. Eso lo sé por experiencia propia. Puede que haya hecho algo pequeño sin darme cuenta. Sin embargo, en cuanto inicio mi tiempo de oración, el Espíritu Santo señala exactamente eso, por lo que necesito ser perdonado y liberado.

Podrías decir que esto es demasiado difícil. Pero debes recordar que ahora tienes un nuevo deseo de orar. Ahora también tienes una nueva actitud agresiva contra tu propia carne y tu orgullo. Estás aprendiendo a caminar tierna y gentilmente con el Espíritu Santo. Es importante que entiendas cómo caminar con garbo junto al Espíritu Santo. ¡Porque el Espíritu Santo es un caballero!

Al vivir ante el Espíritu Santo tiernamente te acostumbrarás a la presencia constante del Señor. Presencia que producirá dos cambios muy importantes: el primero es el quebrantamiento y el segundo es la rendición o entrega. Antes de examinar las Escrituras para ver ejemplos bíblicos de quebrantamiento y rendición, debo compartir contigo mi experiencia personal en relación con esas dos actitudes importantes.

Dios nunca ha elegido utilizar personas idóneas para llevar a cabo su voluntad perfecta. Esto es evidente en su elección de Jacob y el rey David. También lo es al elegirte a ti, al Dr. Goodall o a mí. Por lo natural mi inclinación es querer hacer las cosas a mi manera. Sin embargo, los caminos del Señor no suelen ser los mismos míos. Así que alguien tiene que ceder. Por lo tanto, mi papel siempre es ceder al Espíritu Santo, que me ha sido dado para guiarme y conducirme en los caminos de Dios.

"Porque mis pensamientos no son los de ustedes
    ni sus caminos son los míos", afirma el Señor.
"Mis caminos y mis pensamientos
    son más altos que los de ustedes;
        ¡más altos que los cielos sobre la tierra!" (Isaías 55:8-9).

El Espíritu Santo es el Consolador. Sin embargo, el Consolador puede hacerte sentir muy incómodo si no estás dispuesto a seguir los caminos de Dios. ¿Cómo garantiza el Espíritu Santo tu obediencia a nuestro Padre celestial? ¡Manteniéndote quebrantado! Para que alguien pueda ser quebrantado, primero debe haber sido íntegro.

Cuando el Señor eligió a David, era un hombre íntegro. Podría haber sido un exitoso pastor de las ovejas de su padre. Sin embargo, el Señor tenía otros planes más con él. Debía ser el próximo rey de Israel. Pero David sería más que un rey, también sería profeta. Sus profecías serían la señal más clara de la futura labor del Mesías. David sería más que profeta y rey, también sería sacerdote. Ningún otro había podido entrar en la presencia de Dios en el tabernáculo, aparte del sumo sacerdote. Sin embargo, David pudo entrar en el Lugar Santo sin morir. Como profeta, sacerdote y rey, David fue un tipo perfecto de Cristo.

Al observar la vida de David, vemos que era capaz de cometer los pecados más feos y atroces. Fue culpable de adulterio, manipulación y mentira, incluso asesinato. Sin embargo, Dios impidió que David siguiera persiguiendo su propio camino. David pagó por su pecado y, en cierto sentido, aún está pagando debido a la forma en que la gente todavía señala su pecado. Sin embargo, el ejemplo de David no significa que cualquiera de nosotros deba cometer pecado para ser quebrantado. No debemos tentar la gracia de Dios. No obstante, mientras caminemos con gentileza ante el Espíritu Santo, él llevará un registro actualizado de nuestra conducta. Si seguimos caminando en su presencia, debemos permanecer quebrantados y humildes.

Vivir quebrantados y humildes es caminar con franqueza ante Dios así como también ante nuestros hermanos y hermanas en Cristo. En nuestra costumbre asiática, el líder nunca debería sentir vergüenza ante su pueblo. La gente no quiere eso y ciertamente el líder también lo evita. Esto es lo que llamamos "descaro". Sin embargo, el Espíritu Santo ha superado nuestras costumbres naturales y me ha llevado a ser receptivo y sincero con mi gente.

Recuerdo que en ciertos momentos he preferido morir antes que decirle a la congregación algo que hubiera hecho mal o que no haya sido agradable a Dios. Empero, con el paso de los años, esta disposición a ser transparente ha construido una confianza entre la gente y yo que ha durado más de seis décadas. En Santiago vemos este principio claramente: "Pero él nos da más gracia. Por eso dice la Escritura: Dios se opone a los orgullosos, pero da gracia a los humildes" (4:6).

Pedro también expresa el mismo principio de manera clara: "Dios se opone a los orgullosos, pero da gracia a los humildes. Humíllense, pues, bajo la poderosa mano de Dios para que él los exalte a su debido tiempo" (1 Pedro 5:5-6).

Si caminamos con un espíritu de orgullo, Dios nos resiste cuando nos acercamos a él en oración. Pero si estamos quebrantados y contritos ante su presencia, él nos da más gracia.

> **El éxito se basa en
> la gracia de Dios.**

No podemos hacer nada que resulte por nosotros mismos, pero por su divina gracia lo podemos todo. Lo que necesitamos para tener éxito es más gracia. Y ¿cómo conseguimos más gracia? Al estar quebrantados en humildad delante de Dios.

La lección del quebrantamiento no es muy popular en la actualidad. La gente solo quiere saber cómo ser exitosa. Sin embargo, he aprendido que esto no se consigue por el conocimiento ni la aplicación de fórmulas o principios baladíes; sino aprendiendo el secreto del quebrantamiento que nos da más gracia. Es esa gracia lo que nos otorga un éxito definitivo. Job aprendió esta lección: "Próspero estaba, y me desmenuzó" (Job 16:12 RVR1960). Por otro lado David, al confesar su estado después de haber pedido la ayuda de Dios y de haber visto su liberación, expresa: "He venido a ser como un vaso quebrado" (Salmos 31:12 RVR1960).

Por favor, entiende que el propósito de Dios es quebrantarnos, pero no desmenuzarnos. Si nos quebrantamos delante de él con una actitud de humildad, no seremos hechos pedazos. Jesús dejó clara la diferencia que hay entre ser quebrantado y desmenuzado.

Les dijo Jesús:

—¿No han leído nunca en las Escrituras: "La piedra que desecharon los constructores ha llegado a ser la piedra angular. Esto ha sido obra del Señor y nos deja maravillados"? Por eso digo que el reino de Dios se les quitará a ustedes y se le entregará a un pueblo que produzca los frutos del reino. El que caiga sobre esta piedra quedará despedazado y, si ella cae sobre alguien, lo hará polvo (Mateo 21:42-44).

Para comprender lo que es el quebrantamiento delante de Dios hemos de entender la naturaleza de este símil. Aquí se presenta a Jesús como la piedra angular del templo espiritual: la iglesia, el cuerpo de Cristo. En ese momento en que Jesús hablaba, el pueblo de Dios estaba representado por la nación judía.

Jesucristo es la piedra angular, la parte más importante del edificio en el cual cada miembro es representado como una piedra. Él es la piedra angular, o la piedra que sostiene todo el edificio, el cuerpo de Cristo, unido.

El deseo de Dios era poseer un templo espiritual que albergara adecuadamente su gloria. Al rechazar al Mesías, el pueblo judío perdió el derecho a ser ese templo. Por lo tanto, el Señor está levantando un nuevo edificio, que es la Iglesia. Cada uno de nosotros constituye una piedra viva del nuevo templo espiritual. Cuando él "nos libró del dominio de la oscuridad y nos trasladó al reino de su amado Hijo" (Colosenses 1:13), nos convertimos en parte del cuerpo de Cristo. Nos convertimos en templos del Espíritu Santo (1 Corintios 6:19) y tenemos la mente de Cristo (2:16). Somos miembros del Cuerpo, piedras individuales con dones y habilidades únicas. Todos necesitamos ser moldeados para poder funcionar según la voluntad de Dios.

El maestro constructor, cuando construye un edificio de piedra, dedica mucho tiempo a dar forma a cada piedra para que encaje en su justo lugar. Si esa piedra es demasiado dura para ser moldeada y se niega a ser modelada correctamente, entonces tiene poco valor y simplemente se tritura y se hace polvo.

El quebrantamiento de Dios no es para aniquilarnos; es para moldearnos a una forma que pueda ser utilizada adecuadamente para los propósitos por los cuales Dios nos eligió en principio. Si resistimos el propósito de Dios, el resultado es la trituración, o ser inútiles para el propósito eterno de Dios. Por lo tanto, es muy importante que vivamos en quebrantamiento ante él. Sin embargo, debo recordarnos que *esto no significa vivir en fracaso o con una baja autoestima.*

Recuerda que Dios te eligió. Tú eres importante. Empero, a medida que aprendemos a entrar en la presencia del Espíritu Santo en la oración, el resultado natural será una actitud quebrantada que permitirá que Jesucristo —el Maestro constructor— complete su obra divina en nuestras vidas. Él es el constructor y alfarero de nuestras vidas. Medita en las palabras de Jeremías:

Esta es la palabra que vino a Jeremías de parte del Señor: "Levántate y baja ahora mismo a la casa del alfarero y allí te comunicaré mi mensaje". Entonces bajé a la casa del alfarero y lo encontré trabajando en el torno. Pero la vasija que estaba modelando se deshizo en sus manos; así que volvió a hacer otra vasija, hasta que le pareció que había quedado bien. En ese momento la palabra del Señor vino a mí y me dijo: "Pueblo de Israel, ¿acaso no puedo hacer con ustedes lo mismo que hace este alfarero con el barro?", afirma el Señor. "Ustedes, pueblo de Israel, son en mis manos como el barro en las manos del alfarero" (Jeremías 18:1-6).

Estamos en las manos del alfarero, él nos creó y nos moldeará al hombre o a la mujer que ideó que fuéramos.

Cuánto nos alegra saber que Dios está moldeando nuestras vidas para que sean utilizadas en su propósito eterno. Qué paz tenemos al saber que todas las cosas están trabajando en pro de ese fin eterno. Nada es por accidente. Todo está funcionando para nuestro bien eterno. ¡Alabado sea el Señor viviente!

Escuchar y obedecer

Después del quebrantamiento viene la *rendición*. Con la rendición incondicional, viene la entrega total a la voluntad de Dios. Debo enfatizar aquí que esto no nos hace pasivos. Rendirnos significa que renunciamos a nuestro derecho natural de hacer lo que nos place y lo entregamos a nuestro nuevo Maestro, el Rey de reyes y Señor de señores.

> Y él murió por todos, para que los que viven ya no vivan para sí, sino para el que murió por ellos y fue resucitado (2 Corintios 5:15).

También debemos comprender que el quebrantamiento y la rendición no son fines en sí mismos. Cuando asumimos una actitud de quebrantamiento, humildad y rendición, somos instrumentos eficaces en las manos de Dios y podemos experimentar un avivamiento personal. Podemos ser usados para influir en el avivamiento en nuestras comunidades, iglesias y familias. Dios moverá poderosamente su Santo Espíritu en nuestras vidas. Sin embargo, no debemos malinterpretar el quebrantamiento y la rendición. En muchos casos a lo largo de la historia, las personas se han conformado con el quebrantamiento y la rendición como un fin y no como un medio. Esto ha llevado a muchos a los monasterios para llevar vidas piadosas que no afectan de manera positiva su entorno. La piedad no debe alejarnos del mundo, sino fortalecernos para que podamos ser testigos eficaces en él.

Lo más fácil es evadir los desafíos que el mundo nos presenta. Sin embargo, el propósito de Dios al quebrantarnos y hacernos rendir es equiparnos para enfrentar esos retos. Nos rendimos para ser formados y preparados a fin de hacer todo lo que Dios tiene pensado con nosotros. Las palabras de Jeremías son muy importantes para que las entendamos: "Entonces bajé a la casa del alfarero y lo encontré trabajando en el torno" (Jeremías 18:3).

El alfarero mezcla cuidadosamente agua con arcilla y comienza a dar forma a la arcilla según la imagen que el artista tiene en su mente. La arcilla ha sido preparada cuidadosamente porque la calidad del recipiente es crucial. Debe resistir la presión de sus manos y el fuego por el que pasará antes de poder ser utilizado. La meta es un recipiente perfecto y utilizable. El artista mezcla la arcilla suave hasta que una figura comienza a tomar forma y con sus hábiles manos dirige el recipiente mientras hace girar la rueda del alfarero. Luego aplica presión en unas áreas mientras sus manos se mueven suavemente en otras. La arcilla se somete a la presión y el recipiente comienza a parecerse al pensamiento que está en la mente del alfarero.

La necesidad de rendirse

Hace muchas décadas, Dios me dio (Dr. Cho) una visión y un sueño sobre cómo sería la Iglesia del Evangelio Completo de Yoido. A lo largo de los años, a menudo he necesitado rendirme y liderar con humildad y quebrantamiento, ya que he necesitado ser moldeado en el recipiente que puede hacer lo que se espera de mí. La gracia de Dios ha sido parte de todo lo que hago. La gracia de Dios ha levantado la iglesia de Yoido y esa gracia ha sido un elemento poderoso en la vida de las personas.

La Iglesia del Evangelio Completo de Yoido está a solo unos cientos de metros de la Asamblea Nacional. Nuestros líderes gubernamentales me han pedido a menudo que ore por muchos problemas que afectan a toda la nación. No me he rehusado cuando se me ha pedido que ore por estos desafíos sociales y económicos. Sin embargo, he tratado de estar quebrantado y rendido lo suficiente como para conocer con claridad la mente de Dios en cada situación y desafío. De esa manera, mi país predominantemente no cristiano puede conocer la mente de Dios.

A medida que desarrollamos nuestra vida de oración y caminamos en el Espíritu Santo, debemos estar quebrantados y ser humildes, siempre con una actitud de rendición a la voluntad de Dios. Él te ha creado de manera única. Dios es el alfarero y tú la arcilla que está siendo moldeada y formada para todo lo que él ideó que fueras. Anímate porque él está usando y usará todo lo que has hecho y experimentado (incluso tus errores y tus fracasos) para tu bien porque lo amas (ver Romanos 8:28). Aprenderás de esos errores y de esos fracasos. Te volverás más sabio y tendrás un mayor sentido de la identidad que tienes en Cristo. Comenzarás a notar una sensación más profunda de su presencia, verás oraciones respondidas y comprenderás las demoras.

Cuando nos acerquemos a nuestro precioso Señor con humildad, quebrantamiento y rendición, comenzaremos a ver quiénes somos realmente y el poder que tenemos a través de la sangre de Jesucristo.

Él dirige en la justicia a los humildes,
y les enseña su camino.
—Salmos 25:9

CAPÍTULO 3

Ora y vence a Satanás

Así que sométanse a Dios. Resistan al diablo y él huirá de ustedes.

—Santiago 4.7

Al diablo no lo asustan terriblemente nuestros esfuerzos humanos ni nuestras credenciales. Él sabe que su reino se verá perjudicado cuando comencemos a elevar nuestros corazones a Dios.

—Jim Cymbala

Estamos viviendo en una época maligna. Satanás, respaldado por los ángeles caídos y los demonios, está dispuesto a robar y a destruir. El adversario también sabe que su tiempo es corto. Jesús regresará y ocurrirá el arrebatamiento de la iglesia. En medio de un tremendo tiempo de confusión, conflicto y decadencia, el enemigo de nuestras almas hará todo lo posible por distraernos y engañarnos. Si no dependemos del poder de la oración, no podremos ver con claridad, escuchar la voz de Dios y ponernos nuestra armadura espiritual para vencer el poder de Satanás.

Practiquen el dominio propio y manténganse alerta. Su enemigo el diablo ronda como león rugiente, buscando a quién devorar (1 Pedro 5:8).

El diablo nunca se ha preocupado demasiado por la iglesia ni por los rituales, pero le aterra profundamente la oración auténtica. Cuando empieces tu vida de oración, descubrirás una nueva y diversa oposición por parte de Satanás. Él ve tu potencial y lo que Dios hará a través de ti cuando oras y anhelas a Dios.

Un hombre que era miembro de la Iglesia del Evangelio Completo de Yoido fue alcohólico en el pasado. Aunque tenía éxito en los negocios, su problema con la bebida lo llevó a ser abusivo con su esposa y su familia. Una noche, llevó a casa a varios de sus amigos bebedores y comenzaron a celebrar y empezaron una fiesta.

A pesar de que su esposa amaba a su familia y había soportado mucho por parte de su esposo, no pudo soportar el hecho de que él hubiera traído tal deshonra a su hogar. Así que llamó a su esposo a un lado y le dijo: "Querido, te amo, pero no puedo soportar tu manera de beber. Ahora traes a estos borrachos a casa contigo. No lo toleraré. Voy a hacer mis maletas para marcharme. Mañana, cuando despiertes, no estaré aquí. ¡Adiós!".

De repente, la conmoción al saber que perdería a su familia hizo que recobrara la sobriedad. Sabiendo que ella era una cristiana consagrada, se arrodilló ante ella y comenzó a llorar, diciendo: "Señor, ¡por favor, líbrame del terrible espíritu del alcohol!". Creyendo que su esposo no solo estaba borracho, sino que se burlaba de su religión, ella se sintió aún más indignada.

Él había intentado muchas veces liberarse de su hábito, pero sin éxito. Ahora que su esposa lo había amenazado con dejarlo, estaba aún más desesperado. Mientras lloraba, escuchó una voz interna que salía de su corazón y decía: *"Por la mañana serás un hombre libre"*.

"Sé con certeza que para mañana estaré completamente liberado", le imploró a su esposa.

Ella no pudo ocultar la incredulidad en su rostro. Ya había escuchado promesas similares. Sin embargo, al amanecer se sorprendió al ver a su esposo arrojando su costoso licor y sus cigarrillos a la basura.

¿Podría estar ocurriendo realmente un milagro de liberación?, se preguntó a sí misma.

Más tarde, él abordó su automóvil, condujo al trabajo y les dijo a todos los empleados en su fábrica que Dios lo había liberado y que nunca volvería a beber. La gente que lo oyó no se atrevió a reír abiertamente, pero pensaron que esa era solo otra historia. Ya había hecho cosas similares. Sin embargo, después de un tiempo, todos se convencieron de que algo había sucedido cuando su estilo de vida cambió por completo. Ahora, toda su familia sirve a Jesús y él se ha convertido en diácono en la iglesia. A través de la persistencia y la oración, su esposa pudo ver la victoria total y completa.

El líder de oración global, Dick Eastman, escribe: "Satanás parece haber iniciado una guerra total contra los matrimonios en los últimos años, incluidos los cristianos, además de los de los pastores y líderes. Él sabe que si puede destruir los matrimonios, y así a las familias, puede destruir la estructura de cualquier sociedad".[6]

Satanás es un mentiroso y es el padre de la mentira. Le encanta robar y destruir, pero Cristo nos ha dado autoridad sobre la obra de Satanás a medida que aprendemos a orar. Ya sea nuestra familia, una tentación intensa, nuestra ocupación, el desánimo o el ataque a los sueños que tenemos en nuestro corazón, el enemigo intentará causarnos daño en nuestras vidas. Sin embargo, no debemos temer. "Ustedes, queridos hijos, son de Dios y han vencido a esos falsos profetas, porque el que está en ustedes es más poderoso que el que está en el mundo" (1 Juan 4:4).

Para entender cómo puede la oración destruir el poder de Satanás que nos ataca a nosotros o a nuestros amigos y seres queridos, debemos comprender lo que la Escritura afirma acerca de él. Satanás tenía acceso a Dios como director del culto celestial.

¡Cómo has caído del cielo, lucero, hijo de la mañana! Tú, que sometías a las naciones, has caído por tierra. Decías en tu corazón: "Subiré hasta los cielos. ¡Levantaré mi trono por encima de las estrellas de Dios! Gobernaré desde el extremo norte, en el monte de la reunión. Subiré a la cresta de las más altas nubes, seré semejante al Altísimo". ¡Pero has sido arrojado a los dominios de la muerte, a las profundidades del abismo! (Isaías 14:12-15).[7]

El Dr. David Jeremiah escribe: "En el poema épico *El paraíso perdido,* de John Milton, vemos eso ilustrado. Hay una batalla en el cielo mientras Satanás y sus seguidores luchan contra Dios por la supremacía. Después de ser vencido y encadenado en un lago de fuego, Satanás aún no está dispuesto a aceptar tal derrota. Prefería ser rey en el infierno que siervo en el cielo".[8]

El profeta Ezequiel brinda detalles adicionales:

Estabas en Edén,
    en el jardín de Dios,
adornado con toda clase de piedras preciosas:
    rubí, crisólito, jade,
    topacio, ónice, jaspe,
    zafiro, turquesa y esmeralda.
Tus joyas y encajes estaban cubiertos de oro,
    especialmente preparados para ti el día en que fuiste
        creado.
Fuiste ungido querubín protector,
    porque yo así lo dispuse.
Estabas en el santo monte de Dios
    y caminabas sobre piedras de fuego.
Fuiste irreprochable en tus caminos,
    desde el día en que fuiste creado
    hasta que se encontró maldad en ti.
Por la abundancia de tu comercio,
    te llenaste de violencia y pecaste.
Por eso te expulsé del monte de Dios,
    como a un objeto profano.

A ti, querubín protector,
te eliminé de entre las piedras de fuego.
A causa de tu hermosura
tu corazón se llenó de orgullo.
A causa de tu esplendor,
corrompiste tu sabiduría.
Por eso te arrojé por tierra
y delante de los reyes te expuse al ridículo.
Has profanado tus santuarios
por la gran cantidad de tus pecados,
¡por tu comercio corrupto!
Por eso hice salir de ti
un fuego que te devorara.
A la vista de todos los que te admiran
te eché por tierra y te reduje a cenizas.
Al verte, han quedado espantadas
todas las naciones que te conocen.
Has llegado a un final terrible
y ya no volverás a existir (Ezequiel 28:13-19).

La antigua prominencia de Satanás en el glorioso reino celestial de Dios es clara en el pasaje anterior. Sin embargo, ¿por qué querría él robarnos y destruirnos?

Dios creó al hombre y a la mujer a imagen suya. Nos dio dominio. Por eso Satanás sintió envidia de nuestra posición y, desde el principio, intentó destruir la creación especial de Dios. Después que Adán y Eva murieron espiritualmente debido a su pecado, Dios hizo una promesa: "Pondré enemistad entre tú y la mujer, y entre tu simiente y la de ella; su simiente te aplastará la cabeza, pero tú le herirás el talón" (Génesis 3:15).

Por lo tanto, Satanás supo que —a través de la humanidad— sufriría su derrota definitiva y final. A lo largo de la historia humana, Satanás ha intentado evitar que esa promesa se cumpla. Primero intentó contaminar la raza humana:

Cuando los seres humanos comenzaron a multiplicarse sobre la tierra y tuvieron hijas, los hijos de Dios vieron que las hijas de los seres humanos eran hermosas. Entonces tomaron como mujeres a todas las que desearon. Pero el Señor dijo: "Mi espíritu no permanecerá en el ser humano para siempre porque no es más que un mortal; por eso vivirá solamente ciento veinte años". Al unirse los hijos de Dios con las hijas de los seres humanos y tener hijos con ellas, nacieron gigantes, que fueron los poderosos guerreros de antaño. A partir de entonces hubo gigantes en la tierra. Al ver el Señor que la maldad del ser humano en la tierra era muy grande y que toda inclinación de su corazón tendía siempre hacia el mal, lamentó haber hecho al ser humano en la tierra, y le dolió en el corazón. Entonces el Señor dijo: "Voy a borrar de la superficie de la tierra al ser humano que he creado. Y haré lo mismo con los animales, los reptiles y las aves del cielo. ¡Me duele haberlos hecho!". Pero Noé contaba con el favor del Señor (Génesis 6:1-8).

El truco de Satanás fue contaminar la raza humana para que la simiente de la mujer (Jesucristo) no fuera pura. En ese caso, Jesús no podría destruir al reino de Satanás. Sin embargo, Dios encontró a un hombre que no había sido contaminado. Una familia halló favor ante los ojos de Dios. Así que Noé fue el medio por el cual la raza humana fue salvada de una destrucción absoluta y devastadora.

Satanás continuó su oposición tratando de destruir a Israel. Luego intentó acabar con el niño Jesús. Hasta que al final, colgó al Hijo de Dios en la cruz. Sin embargo, la cruz no fue el fin, sino que a través de la muerte de nuestro precioso Señor en esa cruz, Satanás fue derrotado por Jesucristo. Debido a la muerte y resurrección de Cristo, también se nos ha dado autoridad sobre Satanás y sus obras. Por lo tanto, "somos más que vencedores por medio de aquel que nos amó" (Romanos 8:37).

¿Cómo se ejerce esa autoridad en la oración? Como mencioné antes, Satanás se opone a las oraciones del pueblo de Dios más que a cualquier otra cosa. Eso es evidente en el libro de Daniel.

Daniel era aún un joven cuando los babilonios lo llevaron cautivo en el año 605 a. C. Dios permitió que esa cautividad fuera el medio por el cual Daniel obtuviera una posición clave en el mayor imperio de ese tiempo. Así como José halló favor en Egipto, aun experimentando contratiempos temporales, Dios le dio a Daniel destrezas exclusivas en sabiduría, conocimiento y entendimiento. También se le dio el don de interpretar sueños. Don que luego se utilizó para mostrar una visión precisa del futuro.

En el primer año de Darío el Medo, el futuro gobernante universal de Medio Oriente, Daniel recibió una revelación especial de Jeremías 25:12 (Daniel 9:2). Al darse cuenta de las implicaciones que eso tendría para Jerusalén, entró en una oración intercesora por su pueblo. Comenzó confesando su propio pecado, aunque todos los judíos reconocían su fidelidad inquebrantable a Dios en cautiverio. Luego empezó a pedir perdón por su pueblo, como se ve en Daniel 9. Y continuó suplicando a Dios por ellos:

> No hemos prestado atención a tus siervos los profetas que, en tu nombre, hablaron a nuestros reyes y príncipes, a nuestros antepasados y a todos los habitantes de la tierra. Señor, tuya es la justicia y nuestra es la vergüenza. Sí, nosotros, pueblo de Judá, habitantes de Jerusalén y de todo Israel, tanto los que vivimos cerca como los que se hallan lejos, en todos los países por los que nos has dispersado por haberte sido infieles (Daniel 9:6-7)

En la medida en que continuaba en oración, sus súplicas se volvieron más apasionadas:

> "¡Señor, escúchanos! ¡Señor, perdónanos! ¡Señor, atiéndenos y actúa! Dios mío, hazlo por tu honor y no tardes más; tu Nombre se invoca sobre tu ciudad y sobre tu pueblo" (v. 19).

Mientras Daniel continuaba en oración, Dios envió al ángel Gabriel[9] a visitarlo. Este, entonces, le reveló la manera en que Satanás se opone a la oración del pueblo de Dios:

> Entonces me dijo: "No tengas miedo, Daniel. Tu petición fue escuchada desde el primer día en que te propusiste ganar entendimiento y humillarte ante tu Dios. En respuesta a ella estoy aquí. Pero durante veintiún días el príncipe del reino de Persia se me opuso, así que acudió en mi ayuda Miguel, uno de los principales príncipes. Y me quedé allí, con los reyes de Persia" (10:12-13).

Más adelante en este mismo capítulo, Gabriel le reveló la batalla que enfrentaría cuando dejara a Daniel:

> "¿Sabes por qué he venido a verte? Pues porque debo volver a pelear contra el príncipe de Persia. Y, cuando termine de luchar con él, hará su aparición el príncipe de Grecia. Pero antes de eso, te diré lo que está escrito en el Libro de la Verdad. En mi lucha contra ellos, solo cuento con el apoyo de Miguel, el príncipe de ustedes" (10:20-21)

En el comentario sobre el Antiguo Testamento de Kiel y Delitzsch, se afirma que el Príncipe de Persia era la fuerza espiritual que guiaba el avance del próximo gobierno mundial. Dios había enviado a Gabriel. Pero los príncipes satánicos, o ángeles caídos, hicieron guerra contra Gabriel. Satanás no quería que la oración de Daniel fuera respondida. Miguel, el arcángel, fue llamado para ayudar a Gabriel en la batalla. Daniel había ayunado y orado durante veintiún días. Esta era la duración necesaria para que las fuerzas espirituales de Dios superaran a los ángeles caídos.[10]

En Zacarías 3:2 vemos al ángel del Señor diciéndole a Satanás: "¡Que te reprenda el Señor, quien ha escogido a Jerusalén! ¡Que el Señor te reprenda, Satanás! ¿No es este hombre un tizón rescatado del fuego?".

El apóstol Pablo entendía la guerra espiritual a la que hemos sido llamados a enfrentar cuando afirmó: "Porque nuestra lucha no es contra seres humanos, sino contra poderes, contra autoridades, contra potestades que dominan este mundo de tinieblas, contra fuerzas espirituales malignas en las regiones celestiales" (Efesios 6:12).

Para poner todo esto en una perspectiva clara, *debemos comprender* "el ámbito espiritual" o lo que he llamado "la cuarta dimensión".[11] Aunque no podemos ver a Satanás, sabemos que está ahí, y tiene una hueste de demonios que tienen estrategias de destrucción para nuestras vidas, familias, negocios, iglesias, gobiernos y para lo que somos como hombres y mujeres creados a imagen de Dios.

Satanás fue expulsado de la posición elevada que tenía en los lugares celestiales. Desde la época del jardín del Edén, él sabía que su imperio sería destruido. Dios le dio el título de "príncipe de la potestad del aire" (Efesios 2:2). A medida que ha podido ejercer autoridad en la tierra, ha sido capaz de influir en las naciones. Como resultado de la caída, debido al pecado de Adán, los seres humanos perdieron la autoridad que Dios les había otorgado. Sin embargo, Dios no quedó sin testigos en el mundo. Su pueblo ha sido capaz de ejercer autoridad en la oración y la intercesión.

Cuando Cristo vino, Dios permitió que el mundo lo juzgara y lo crucificara. Sin embargo, a través de su vida sin pecado, su muerte expiatoria en la cruz y su gloriosa resurrección, Cristo tomó las llaves de la muerte y recibió "toda autoridad" (Mateo 28:18). En base al hecho de que Cristo ha ganado toda la autoridad en el cielo y en la tierra, se nos ordena ir al mundo entero a evangelizar y discipular a las naciones.

> *Hay aspectos de nuestro llamado, obras del Espíritu Santo y derrotas de la oscuridad, que no vendrán de ninguna otra manera que no sea por medio de una oración intensa, ferviente, llena de fe e incesante.*
> —Beth Moore

A medida que aprendemos a orar en el Espíritu Santo, y entendiendo la autoridad que se nos ha dado, podemos atar las fuerzas de Satanás en las personas, las comunidades e incluso en las naciones. Sin embargo, puesto que Satanás es mentiroso y el padre de mentiras, intenta convencernos de que tiene el control. Pero según aprendemos a ayunar , a orar y a ejercer nuestra legítima autoridad espiritual, él y sus fuerzas deben ceder ante la voluntad de Dios.

Qué importante es para nosotros conocer y entender la importancia de la oración. No hay forma de que veamos la voluntad de Dios cumplida en nuestras vidas si no aprendemos a orar. Sin embargo, como se mencionó anteriormente, primero tenemos que desear orar.

Nuestro problema ha sido que hemos reflexionado en la oración, leído sobre la oración e incluso recibido enseñanza sobre la oración, pero simplemente no oramos. Ahora es el momento de entender que la oración es la fuente de poder. Ahora es el momento de permitir que el Espíritu Santo traiga una nueva revelación mientras leemos, meditamos y estudiamos la Palabra. Ahora es el momento de aprender a usar la autoridad espiritual que Jesucristo nos da y aprender a impedir la obra del diablo. ¡Este es el momento de orar!

> No se amolden al mundo actual, sino sean transformados mediante la renovación de su mente. Así podrán comprobar cómo es la voluntad de Dios: buena, agradable y perfecta (Romanos 12:2).

> Sin orar, nunca podremos demostrar cuál es la buena, agradable y perfecta voluntad de Dios.
> —Yonggi Cho

CAPÍTULO 4

La oración y el Espíritu Santo

"Pero digo la verdad: les conviene que me vaya porque, si no lo hago, el Consolador no vendrá a ustedes; en cambio, si me voy, se lo enviaré".

—Juan 16:7

El mundo tiembla a nuestro alrededor y puede hacer que te preguntes qué sucederá mañana. Casi todos los dilemas humanos a nivel personal se pueden categorizar como miedo (dificultad emocional) o duda (dificultad intelectual). Nuestras emociones y nuestro intelecto constituyen nuestra alma y gobiernan las decisiones que hacemos (nuestra voluntad). La duda, el miedo y la agitación interna, agravados por las cosas que les suceden a las personas a lo largo de sus vidas, son obstáculos reales que se oponen a tu paz y deterioran tu confianza. El Espíritu Santo desea llegar a nuestro interior, eliminar los obstáculos a nuestra integridad y sanar nuestro dolor. Él quiere llenar nuestras almas con la paz de Dios.

—Jack Hayford[12]

Esta es la era del Espíritu Santo. Jesús les dijo a sus discípulos que era imperativo que él se fuera para que el Espíritu Santo viniera. En el día de Pentecostés, el Espíritu Santo vino sobre los ciento veinte fieles seguidores de Cristo mientras seguían lo que les instruyó: orar y esperar en Jerusalén. Eso fue el cumplimiento de la profecía de Juan el Bautista.

En el bautismo de Jesucristo, una paloma, símbolo del Espíritu Santo, descendió sobre él. El propósito de la paloma como símbolo se debe a la naturaleza y personalidad del Espíritu Santo. La paloma es dócil, al igual que el Espíritu Santo. Solo llegamos a conocer la naturaleza del Espíritu Santo cuando empezamos a tener comunión con él. En el Antiguo Testamento, no vemos al Espíritu Santo como una personalidad distinguida. En el Nuevo Testamento, se habla tanto de Cristo que uno puede pasar por alto la rica y verdadera naturaleza de la tercera Persona de la Trinidad.

¿Cómo llegamos a conocer al Espíritu Santo? Solo nos percatamos de su naturaleza cuando entramos en una vida de oración.

De todos los evangelios, el de Juan es el que tiene más referencias al Espíritu Santo. En el capítulo 14, Jesús llamó al Espíritu Santo "Espíritu de verdad" y "Consolador". Es el Espíritu de verdad en el sentido de que puede tomar las palabras de Cristo y revelar la profunda significación que estas palabras contienen. Es Consolador y Consejero en el sentido de que traerá una paz a nuestros corazones que el mundo no puede dar. El mundo solo conoce la paz a través del cese de las hostilidades. El Espíritu Santo trae paz independientemente de las circunstancias. Por lo tanto, a medida que aprendemos a caminar en el Espíritu Santo, aprendemos a caminar en la verdad y la paz. Si la verdad no obra en nuestras vidas, si no caminamos en la paz de Dios, es muy probable que no estemos caminando en el Espíritu Santo.

La oración abre la puerta al Espíritu Santo

El Espíritu Santo puede bendecirte cuando lees las Escrituras. El Espíritu Santo puede dirigirte mientras das testimonio de Cristo. El Espíritu Santo puede ungirte al predicar y enseñar la Palabra de Dios. Pero si deseas tener una comunión íntima con el Espíritu Santo, debes orar.

Yo (Dr. Cho) me di cuenta de esta verdad en los primeros días de mi ministerio. Intentaba llevar a las personas a Cristo con mucho impulso, pero tenía pocos resultados. Hasta que una vez, mientras estaba en oración, el Señor habló a mi corazón y me dijo:

¿Cuántas codornices habría atrapado Israel si hubieran salido a cazarlas en el desierto?

Le respondí: *Señor, ¿no muchas?*

¿Cómo se atraparon esas codornices?, preguntó el Señor.

Fue entonces que me di cuenta de que Dios envió el viento que llevó las codornices. El Señor trataba de mostrarme la diferencia entre perseguir almas sin la ayuda del Espíritu Santo en comparación con trabajar en cooperación con él.

Luego, el Señor me dijo algo que cambió mi vida por completo: *¡Debes llegar a conocer al Espíritu Santo y trabajar con él!*

Yo estaba consciente de que había nacido de nuevo. Sabía que estaba lleno del Espíritu Santo. Sin embargo, siempre había pensado en el Espíritu Santo como una experiencia, no como una personalidad. No obstante, llegar a conocer al Espíritu Santo requeriría que pasara tiempo hablando con él y dejándolo que hablara conmigo. Esa comunión con el Espíritu Santo me ha llevado a cada uno de los cambios importantes ocurridos en mi ministerio. El desarrollo del sistema de células (grupos pequeños) surgió de esta comunión con el Espíritu Santo en la oración. La fundación del movimiento Church Growth International surgió de la comunión con el Espíritu Santo. De hecho, cada principio importante que enseño no surgió de un libro teológico; surgió de una comunión genuina e íntima con el Espíritu Santo en la oración.

En lo particular, la comunión con el Espíritu Santo ha hecho toda la diferencia del mundo. No podría vivir sin esa dulce comunión con su presencia, con la que estoy tan familiarizado. Por las mañanas temprano, siento su frescura sobre mi corazón mientras obtengo la fuerza para enfrentar los desafíos del día sabiendo que en cada situación seré completamente victorioso. "Pon en manos del Señor todas tus obras, y tus proyectos se cumplirán" (Proverbios 16:3).

He descubierto que no soy lo suficientemente inteligente para resolver los miles de problemas que siempre me llegan. Sin embargo, puedo decirle al Espíritu Santo: *Dulce Espíritu, por favor, permíteme contarte el problema que tengo. Sé que conoces la mente de Dios y que ya tienes la respuesta.* Entonces espero, con seguridad, la respuesta del Espíritu Santo.

La comunión diaria con el Espíritu Santo es una necesidad. He descubierto una y otra vez que el Espíritu Santo me renueva espiritual, mental y físicamente. Gran parte de mi tiempo de oración temprano en la mañana lo paso en comunión con el Espíritu Santo.

Cada vez que Dios me da algo fresco y nuevo de la Palabra, sé que proviene del Espíritu de Verdad, que mora en mí. Así como el Espíritu Santo hizo que María concibiera, también puede impregnarnos con la Palabra viva. Jesús dijo: "Las palabras que les he hablado son espíritu y son vida" (Juan 6:63). Esa es la razón por la que, durante más de seis décadas, tantas miles de personas se alinean frente a nuestra iglesia los domingos para cada uno de nuestros múltiples servicios. A través de nuestros programas de televisión, internet y plataformas de redes sociales, muchos escuchan y leen los mensajes que se predican. La gente tiene hambre de la Palabra de Dios; desean la verdad que está ungida por el Espíritu Santo.

El apóstol Pablo experimentó la enseñanza de esta manera. Testificó a la iglesia de Corinto: "Nosotros no hemos recibido el espíritu del mundo, sino el Espíritu que procede de Dios para que entendamos lo que por su gracia él nos ha concedido. Esto es precisamente de lo que hablamos, no con las palabras que enseña la sabiduría humana, sino con las que enseña el Espíritu, explicando lo espiritual en términos espirituales" (1 Corintios 2:12-13).

El Espíritu Santo no solo nos ayuda a enseñar y comunicar la Palabra de Dios con poder y autoridad, sino que también nos protege de los ataques de Satanás. En mis años de ministerio y con la ayuda de Dios, he pastoreado la iglesia más grande del mundo. Ciertamente no he estado libre de ataques de muchas personas. Los ataques que vienen del mundo no me afectan; son los que provienen de algunas de las personas de Dios los que potencialmente duelen más. Sin embargo, la comunión diaria con el Espíritu Santo puede protegernos, no de los ataques, sino de sus efectos. En la vida de Esteban, el primer mártir de la iglesia, vemos este principio claramente revelado.

Esteban proclamó la Palabra de Dios con gran poder. Sin embargo, los líderes judíos fueron tan redargüidos por sus palabras que deseaban matarlo.

> Al oír esto, rechinando los dientes, se enojaron mucho contra él. Pero Esteban, lleno del Espíritu Santo, fijó la mirada en el cielo y vio la gloria de Dios y a Jesús de pie a la derecha de Dios.
> —¡Veo el cielo abierto —exclamó—, y al Hijo del hombre de pie a la derecha de Dios! (Hechos 7:54-56).

Esteban verdaderamente fue atacado. Sin embargo, los efectos del odio, el miedo, la difamación e incluso su muerte no afectaron a ese hombre de Dios lleno del Espíritu. Vio a Jesús de pie por él; ¡Esteban estaría con él en cuestión de segundos! Pablo concluyó su segunda carta a la iglesia de Corinto diciéndoles: "Que la gracia del Señor Jesucristo, el amor de Dios y la comunión del Espíritu Santo sean con todos ustedes" (2 Corintios 13:14). Luego se refirió de nuevo a la comunión con el Espíritu Santo en Filipenses 2:1. Como empresario, madre, padre, empleado, estudiante o líder de ministerio, el Espíritu Santo te hablará sobre tu vida y tus preocupaciones. Te dará dirección específica, los detalles y el momento de cuándo actuar. A lo largo de nuestra historia judeocristiana, Dios ha hablado a personas justas mientras oraban y dependían de la instrucción divina en sus vidas. E. M. Bounds ha escrito maravillosas ideas sobre la oración y el escuchar la voz de Dios. Él también fue un comunicador tremendamente ungido de la Palabra de Dios. Durante el gran Avivamiento Galés, predicó con gran poder y la cantidad de personas que se convirtieron a Cristo debido a sus mensajes fue sorprendente.

En pleno gran Avivamiento Galés, se decía que un ministro tuvo mucho éxito ganando almas con un sermón que predicó; cientos se convirtieron. A otro hermano ministro, en un valle lejano, le llegaron las noticias de ese maravilloso triunfo. De modo que deseaba descubrir el secreto del gran éxito de ese sermón. Entonces caminó mucho tiempo hasta que llegó a la sencilla cabaña del ministro, y lo primero que dijo fue: "Hermano, ¿de dónde sacaste ese sermón?". Así que el ministro lo llevó a una habitación pobremente amueblada y señaló un lugar donde la alfombra estaba desgastada y se le veían los hilos, cerca de una ventana que daba a las colinas eternas y a las montañas solemnes, y dijo: "Hermano, ahí es donde obtuve ese sermón. Mi corazón estaba abrumado por los hombres. Una noche me arrodillé allí y lloré por poder para predicar como nunca antes. Las horas pasaron hasta que el reloj dio la medianoche, y las estrellas miraron a un mundo dormido, pero la respuesta no llegó. Seguí orando hasta que vi un tenue resplandor gris, luego plateado, plateado que se convirtió en morado y dorado. Entonces vino el sermón y vino el poder, y los hombres cayeron bajo la influencia del Espíritu Santo".[13]

Si tus oraciones están vacías y no son refrescantes, podría ser que no estés obedeciendo la exhortación de Pablo y de tantos otros a lo largo de la historia cristiana: no estás teniendo comunión con el Espíritu Santo. Dado que eres creyente, el Espíritu está contigo en este momento, y te hablará, te ungirá y te dará sabiduría e instrucción en todo lo que hagas. El Espíritu Santo te llevará a la misma alegría, paz y sensación de armonía que experimentaron los apóstoles y los discípulos. Recuerda: "Porque el reino de Dios no es cuestión de comidas o bebidas, sino de justicia, paz y alegría en el Espíritu Santo" (Romanos 14:17).

La oración trae las manifestaciones del Espíritu Santo

En su primera carta a la iglesia de Corinto, Pablo escribió: "En cuanto a los dones espirituales, hermanos, quiero que entiendan bien este asunto" (12:1). Este versículo podría ser escrito de igual manera hoy. Gran parte de la iglesia está desinformada acerca de los dones y manifestaciones del Espíritu Santo. De aquellos que conocen estos dones y manifestaciones, muchos no saben cómo ni cuándo vivir y ministrar en ellos.

El Espíritu Santo entra en nosotros por primera vez cuando nacemos de nuevo. Después de eso, se nos exhorta a tener una relación más íntima con él. Esto es recibir la plenitud del Espíritu Santo. Entramos en esa plenitud a través de la oración. También podemos aprender a ejercer nuestros dones espirituales (a la vez que manifestamos el fruto del Espíritu Santo) por medio de la oración.

Los dones de ministerio y carismáticos

Pablo mencionó los dones de ministerio (o ministeriales) y los carismáticos en varias referencias bíblicas (ver Romanos 12:5-8; Efesios 4:11; 1 Corintios 12:4-11). Dios decide conceder estos dones al creyente como prefiera: "En realidad, Dios colocó cada miembro del cuerpo como mejor le pareció" (1 Corintios 12:18).

Una vez que conocemos nuestro don ministerial (o varios de ellos), debemos desarrollarlos. Pablo le escribió a Timoteo: "No descuides el don que recibiste mediante profecía, cuando los líderes de la iglesia te impusieron las manos. Sé diligente en estos asuntos; entrégate de lleno a ellos, de modo que todos puedan ver que estás progresando" (1 Timoteo 4:14-15).

Lo que Pablo estaba diciendo era: *Timoteo, el don que recibiste es crucial; es del Espíritu Santo. Los líderes de la iglesia oraron por ti y, como resultado, recibiste este maravilloso don milagroso. No lo olvides; ora y medita al respecto y úsalo para la gloria de Dios.*

Pablo enumeró los dones ministeriales para la iglesia: "Él mismo constituyó a unos como apóstoles; a otros, profetas; a otros, evangelistas; y a otros, pastores y maestros, a fin de capacitar al pueblo de Dios para la obra de servicio, para edificar el cuerpo de Cristo" (Efesios 4:11-12). Además, nos informó que "En la iglesia Dios ha puesto, en primer lugar, apóstoles; en segundo lugar, profetas; en tercer lugar, maestros; luego los que hacen milagros; después los que tienen dones para sanar enfermos, los que ayudan a otros, los que administran y los que hablan en diversas lenguas" (1 Corintios 12:28).

Estos son dones ministeriales esenciales para ayudar a las personas a comprender los dones del Espíritu, y a su vez enseñar y capacitarlas para que operen en ellos. Los dones de ministerio son fundamentales. Los diversos dones del Espíritu son numerosos (1 Corintios 12:4-11; Romanos 12:6-8).

¿Cuál es el propósito de los dones de ministerio en la iglesia? Es entrenar a las personas para que ministren, para que el cuerpo de Cristo pueda ser edificado y fortalecido. ¿Cómo crecemos y desarrollamos su ministerio en nuestras vidas? Lo hacemos al meditar en ese ministerio a través de la oración.

Ya seas pastor de una iglesia, administrador, líder de grupo pequeño, dirigente de oración, diácono, anciano, director de un programa ministerial o un nuevo cristiano que ha sido lleno del Espíritu Santo, tu don solo crecerá y se desarrollará a través de la oración, la meditación y la fe, a medida que utilices el don o los dones que el Espíritu Santo te ha dado.

> *Todo esto lo hace un mismo y único Espíritu, quien reparte a cada uno según él lo determina (1 Corintios 12:11).*

Trabaja con el Espíritu

El Espíritu Santo, de acuerdo con la elección del Padre, otorga dones de ministerio espirituales. Sin embargo, cada cristiano puede manifestar el fruto y los dones del Espíritu Santo. El propósito de la manifestación es que todos en la iglesia sean edificados. Pablo escribió:

> A cada uno se le da una manifestación especial del Espíritu para el bien de los demás. A unos Dios da por el Espíritu palabra de sabiduría; a otros, por el mismo Espíritu, palabra de conocimiento; a otros, fe por medio del mismo Espíritu; a otros, y por ese mismo Espíritu, dones para sanar enfermos; a otros, poderes milagrosos; a otros, profecía; a otros, el discernir espíritus; a otros, el hablar en diversas lenguas; y a otros, el interpretar lenguas. Todo esto lo hace un mismo y único Espíritu, quien reparte a cada uno según él lo determina (1 Corintios 12:11).

En 1 Corintios 13, conocido como el "capítulo del amor", Pablo no dijo que el amor es mejor que los dones espirituales; más bien, nos mostró la motivación adecuada para el ejercicio de esos dones. Él dedicó 1 Corintios 14 al uso adecuado de la manifestación del Espíritu Santo, especialmente en relación con un tiempo de adoración en un servicio eclesial, con un pequeño grupo de creyentes o en una reunión pública más grande. El propósito principal de las manifestaciones es edificar a todo el grupo y no usar la manifestación solo para demostrar el don individual o la espiritualidad.

Todas las cosas que se hacen en una iglesia deben hacerse con orden. Porque Dios no es un Dios de desorden sino de paz. Todas las congregaciones del pueblo del Señor pueden operar y estructurar los servicios de adoración de manera que no haya desorden ni confusión, ni una sensación de falta de planificación. Los servicios de adoración pueden ser planificados para asegurarse de que sirvan y satisfagan las necesidades de todas las personas que asisten (14:26, 33).

Aunque enseñamos a los cristianos, en Corea, a orar para que la iglesia se edifique sobre una sólida base bíblica, no ignoramos los dones espirituales abordados en 1 Corintios. El número de asistentes a la iglesia es grande, por lo que los dones del Espíritu se manifiestan comúnmente en nuestros diversos servicios y entornos ministeriales.

La forma de desarrollar los dones espirituales y las manifestaciones es dedicándose a la oración. La oración hará que los diversos dones ministeriales trabajen juntos y no compitan entre sí. La oración desarrollará la esencia y la motivación del amor, lo que mantendrá todos los dones espirituales y manifestaciones en el orden adecuado. ¡La oración es la respuesta!

La oración crea sensibilidad espiritual

La Escritura es más que tinta negra en papel. Las palabras impresas en la Biblia son más que simples vocablos. Las expresiones verbales en la Biblia son Palabra de Dios, Dios hablándonos a nosotros.

> *Dios es espíritu y quienes lo adoran deben hacerlo en espíritu y en verdad.*
> *—Juan 4:24*

Jesús dijo: "El Espíritu da vida; la carne no vale para nada. Las palabras que les he hablado son espíritu y son vida" (Juan 6:63). Por lo tanto, el Espíritu Santo puede llevarnos a una sensibilidad espiritual tal que podamos entender la Palabra de Dios en una dimensión nueva y más profunda.

Pablo también enfatizó este punto:

Más bien, exponemos el misterio de la sabiduría de Dios, una sabiduría que ha estado escondida y que Dios había destinado para nuestra gloria desde la eternidad. Ninguno de los gobernantes de este mundo la entendió, porque de haberla entendido no habrían crucificado al Señor de la gloria. Sin embargo, como está escrito: "Ningún ojo ha visto, ningún oído ha escuchado, ningún corazón ha concebido lo que Dios ha preparado para quienes lo aman". Ahora bien, Dios nos ha revelado esto por medio de su Espíritu, pues el Espíritu lo examina todo, hasta las profundidades de Dios (1 Corintios 2:7-10)

Pablo también enfatizó que solo al entender la Palabra de Dios bajo la unción del Espíritu Santo que viene a través de la oración, los creyentes entenderán y permitirán que el Espíritu Santo hable vida en ellos. Una persona no cristiana simplemente no puede entender los caminos del Espíritu. Pablo nos informó que "El que no tiene el Espíritu [el hombre natural] no acepta lo que procede del Espíritu de Dios, pues para él es locura. No puede entenderlo, porque hay que discernirlo espiritualmente" (v. 14).

La razón por la cual la Palabra de Dios no es comprendida por el mundo, incluso con toda su sabiduría natural, es que ella pertenece a una dimensión más alta que la de la simple sabiduría y la comprensión naturales. Contiene una dimensión espiritual imposible de comprender sin el Espíritu Santo.

Uno de mis (del Dr. Cho) himnos favoritos es "Parte, oh Dios, el pan del cielo". Allí, el autor escribió:

Envía, oh Señor, tu Espíritu, a mí ahora,
Para que toque mis ojos y me haga ver;
Muéstrame la verdad oculta en tu Palabra,
Porque en tu libro revelado te veo, Señor.[14]

Cuando tomo en mis manos la posesión material más preciosa que tengo, mi Biblia, oro al Espíritu Santo: *"Oh, Espíritu Santo, abre mis ojos para que pueda ver la verdad de Dios en tu Santa Palabra"*. Qué alegría es estudiar la Palabra de Dios después de orar.

Dios aumenta nuestra fe a medida que desarrollamos la audición o la sensibilidad espiritual a las Escrituras. Esa sensibilidad espiritual viene al estudiar la Palabra de Dios en oración: "Así que la fe viene como resultado de oír el mensaje y el mensaje que se oye es la palabra de Cristo" (Romanos 10:17).

Depender del Señor aumenta nuestra sensibilidad espiritual. He aprendido que al depender completamente de él, siempre me guía y me da entendimiento espiritual. A menudo, eso requiere valentía espiritual. Sin embargo, después de la oración, cuando me lanzo por fe, recibo más sensibilidad espiritual. A medida que mis sentidos espirituales se desarrollan, puedo entender la "comida sólida" de la Palabra de Dios.

Hebreos nos informa: "En cambio, el alimento sólido es para los adultos, pues han ejercitado la capacidad de distinguir entre el bien y el mal" (5:14). El autor de Hebreos simplemente muestra las calificaciones necesarias para poder consumir el sólido alimento espiritual de las Escrituras.

Aquellos que han desarrollado su sensibilidad espiritual, utilizando el discernimiento que ya tienen, pueden ingerir alimento fuerte. Aquellos que no han desarrollado su sensibilidad espiritual solo pueden participar de la leche de la Palabra de Dios.

Recuerdo una noche en la que nuestra familia tenía sus devociones familiares. Uno de mis hijos dijo algo que articuló la importancia de depender totalmente del Espíritu Santo. Mi hijo mayor le dijo a mi esposa, Grace: "Madre, no voy a pasar tanto tiempo orando como lo hace papá. ¿Por qué debería pedirle a Dios que me ayude con todo? Puedo hacer muchas cosas por mí mismo".

Cuando escuché sus palabras, mi corazón se llenó de compasión por mi hijo adolescente. Así que fui muy franco con él.

—Eh —le dije— tus hermanos y tú ven a su padre y lo escuchan bien. Todos aquí, en Corea, conocen a su padre, ¿es eso correcto?

—Sí —respondieron.

—Su padre es el pastor de la iglesia más grande del mundo, ¿es eso correcto?

—Sí, es correcto, padre —mostraron su acuerdo al unísono.

—¡Ahora, miren a su padre! Una vez estuve muriendo de tuberculosis. Ningún médico podía ayudarme ni curarme.

Además, su padre era tan pobre que no podía permitirse ir al hospital a recibir tratamiento. La educación formal de su padre se detuvo después de su primer año de secundaria. No tiene una posición alta, ni una genealogía famosa, y como una persona común no tiene nada de qué presumir. Así que no tienen nada natural de qué presumir sobre su padre. No tiene dinero, posición ni educación. Sin embargo, como dependí del Señor, mira lo que ha hecho por mí. ¿Pero sabes el secreto de mi éxito? Derramé mi corazón ante el Señor. Dependo de él. Con la ayuda de Dios, me eduqué. Leía cada libro que llegaba a mis manos. Estudié diligentemente, orando en todo momento. Ahora, por la gracia de Dios, soy lo que soy.

"Hijos —continué—, si simplemente dependen de su propia fuerza, de su educación y de su sabiduría natural, se hundirán en el fango de este mundo. De modo que ¡no sean arrogantes! Aprendan a depender del Señor como yo.

Después de hablar con mis hijos de esta manera, tuve la seguridad de que no solo me escucharon, sino que también comprendieron las implicaciones de lo que estaba diciendo. Su actitud cambió tanto como su expresión, al darse cuenta de la importancia de una dependencia total y completa en el Señor.

Mientras oro, mi sensibilidad no solo se ejercita aprendiendo de las Escrituras, sino también discerniendo la presencia del Señor. En ocasiones, la presencia de Dios está tan cerca durante mis momentos de oración y comunión que creo que puedo tocarlo. Su presencia es muy real, pacífica pero poderosa, e impregna todo mi ser, consume mis pensamientos y trae una sensación de confianza en Dios que es única y maravillosamente tranquilizadora. Su presencia me persuade a aquietarme y escuchar. Durante esos momentos, con frecuencia escucho y veo visiones y sueños. Qué renovado me siento después de pasar tiempo con mi precioso Señor. La vida cristiana puede ser monótona y rutinaria si no tienes este tipo de comunión en la oración.

Si no estás acostumbrado a este tipo de comunión, ya es el momento de comenzar. En este preciso instante, deja este libro a un lado y comienza a pedirle al Espíritu Santo que haga real la presencia de Cristo en ti. Pídele que te dé un nuevo entendimiento de su Palabra. Pídele que te guíe a un nuevo camino de comunión con el Espíritu Santo.

A eso se refieren las Escrituras cuando dicen:
"Ningún ojo ha visto, ningún oído ha escuchado,
ninguna mente ha imaginado lo que Dios tiene
preparado para quienes lo aman". Pero fue a nosotros
a quienes Dios reveló esas cosas por medio de su
Espíritu. Pues su Espíritu investiga todo a fondo
y nos muestra los secretos profundos de Dios.
—1 Corintios 2:9-10 NTV

CAPÍTULO 5

Tu respuesta a la oración

"Si mi pueblo, que lleva mi nombre, se humilla y ora, busca mi rostro y se aparta de su conducta perversa, yo oiré desde el cielo, perdonaré sus pecados y restauraré su tierra".
—2 Crónicas 7:14

La oración es el ecualizador divino. Unos predican, otros enseñan, otros pocos cantan en público, pero todos pueden orar. El golpe más grande se lo propinan a Satanás los gimientes guerreros de la oración. El mayor obstáculo para la oración efectiva es el pecado. El objetivo supremo de Satanás es mantenernos sin arrodillarnos. El núcleo esencial de la intercesión es el acto de servir a los demás. Orar con amargura por los semejantes anula las horas arrodilladas.[15]
—Dick Eastman

L a oración opera un cambio personal en ti. Nada te beneficiará más que ella. A través de la oración, generas un saldo a tu favor en el banco espiritual de Dios. Mediante la oración, te beneficiarás espiritual, mental y físicamente. Jesús renunció a todo para ser como nosotros (Filipenses 2:7).[16] Al hacerlo, también creció como persona. Lucas escribió: "Jesús siguió creciendo en sabiduría y estatura, y cada vez más gozaba del favor de Dios y de la gente" (Lucas 2:52). A medida que crecía, también se dedicaba a la oración y a depender del Padre (Juan 5:19).

Como seres humanos, fuimos creados de manera maravillosa. Dios nos creó a su divina imagen, por lo que nuestro potencial supera nuestra comprensión. Los científicos nos dicen que solo usamos una pequeña parte de la capacidad de nuestra mente. Nuestros cuerpos son capaces de tener más resistencia, fuerza y longevidad. Nuestros espíritus son capaces de experimentar muchas más bendiciones espirituales procedentes de Dios. La oración crea el ambiente en el que podemos prosperar y estar saludables, al igual que prospera nuestra alma. El apóstol Juan oró: "Querido hermano, oro para que te vaya bien en todos tus asuntos y goces de buena salud, así como prosperas espiritualmente" (3 Juan 1:2).

La oración aumenta nuestro saldo espiritual

Desde el principio de los tiempos registrados, el orbe ha sido bendecido con la literatura. Esto es sobre todo cierto en el mundo occidental, particularmente en el idioma inglés. Yo (Dr. Cho) he disfrutado de las obras de muchos escritores. En mi opinión, nadie ha logrado manejar el lenguaje como Shakespeare. Sin embargo, existe una pieza literaria que es más importante que toda la literatura humana acumulada. Esa pieza no es estática, sino que constantemente está siendo escrita por Dios. Piensa en esto: ¡un diario sobre nosotros, un libro con nuestros nombres en él! Así como una madre cariñosa registra los sonidos inocentes, los movimientos y los momentos tiernos de su bebé recién nacido, tu propio libro se está escribiendo cada día. Eres un tesoro invaluable.

> Entonces los que temían al Señor hablaron entre sí y el Señor escuchó lo que dijeron. En la presencia de él, escribieron un rollo de memorias para registrar los nombres de los que temían al Señor y siempre pensaban en el honor de su nombre. "Ellos serán mi pueblo —dice el Señor de los Ejércitos Celestiales—. El día en que yo venga para juzgar, serán mi tesoro especial. Les tendré compasión así como un padre le muestra compasión a un hijo obediente" (Malaquías 3:16-17).

Dios ha escrito y está escribiendo una obra titulada "el libro de las memorias". Aquellos que dedican tiempo a pensar o meditar descubrirán que Dios está llevando un registro preciso. Solo podemos imaginar la riqueza de los pensamientos espirituales que tantos hombres y mujeres especiales han tenido sobre Dios a lo largo de todos estos años y siglos. Apreciamos la belleza de los salmos que David escribió mientras contemplaba su relación con Dios. Sin embargo, ¿qué hay de esos pensamientos tuyos que nunca quedaron registrados por escrito? El Señor grabó esos pensamientos preciosos.

En el Nuevo Testamento leemos sobre el Libro de la Vida. Tanto Filipenses como Apocalipsis hablan sobre la importancia de estar inscritos en el Libro del Cordero. Juan escribió: "El que salga vencedor se vestirá de blanco. Jamás borraré su nombre del libro de la vida, sino que reconoceré su nombre delante de mi Padre y delante de sus ángeles" (Apocalipsis 3:5).

Cristo, el Cordero de Dios, lleva sus registros precisos de los redimidos. Estás siendo observado con amor, mientras él trabaja a favor tuyo. En efecto, está respondiendo a la oración del salmista: "Guárdame como a la niña de tus ojos; escóndeme bajo la sombra de tus alas" (Salmos 17:8).

¿Qué es lo más relevante de la literatura que Dios está escribiendo? El hecho de que Dios anota en sus registros espirituales todo lo que hacemos. No pierde detalles ni los desperdicia. Nada de lo que se hace por él —y para su reino— es en vano. A menudo olvidamos lo que las personas hacen por nosotros. He dicho muchas veces que las cosas que algunos hacen por nosotros se escriben en el agua y desaparecen rápidamente. Sin embargo, lo que las personas hacen en contra nuestra se escribe en tablas de piedra y, a menudo, se mantienen en la mente. Dios recuerda todos los actos de servicio, los comentarios amables, la generosidad sacrificada, el cuidado de los demás y la compasión por los necesitados que extendemos. Siempre escucha tus oraciones y comprende tu corazón. Esto también se anota en tu libro. Hay algunas cosas que Dios no registra ni las toma en cuenta. Los pecados que hemos cometido son perdonados y los coloca bajo la sangre de Jesucristo (ver Juan 1:9). Son arrojados al mar del olvido.

Por otro lado, la persistencia en la oración es importante cuando piensas en términos de respuestas contestadas a esas peticiones. No siempre sabemos cuánto tiempo debemos orar antes de que Dios responda nuestras oraciones. Daniel descubrió que su oración ayudó a Gabriel a superar la oposición espiritual que enfrentó durante veintiún días. Dios escuchó las oraciones y las tuvo en cuenta. En Lucas 11:1, leemos la respuesta de Cristo a la solicitud de los discípulos: "Enséñanos a orar". Al dar a los discípulos la respuesta a su solicitud, Cristo cuenta una historia.

Un amigo acudió a otro amigo y le pidió tres panes. Sin embargo, el momento en que hizo su solicitud fue inoportuno porque su amigo ya se había retirado a dormir. Sin embargo, la urgencia de la petición llevó al que pedía pan a persistir. Jesús luego dijo: "Les digo que, aunque no se levante a darle pan por ser amigo suyo, sí se levantará por su impertinencia y le dará cuanto necesite" (Lucas 11:8). La versión El Mensaje lo expresa así: "Pero déjenme decirles, incluso si no se levanta porque es un amigo, si ustedes permanecen firmes, golpeando y despertando a todos los vecinos, al final se levantará y les dará lo que ustedes necesiten".

Algunas oraciones requieren mucha insistencia para obtener respuesta. Ya sea por oposición espiritual u otra razón, se nos dice que sigamos orando.

¡Nunca dejes de orar por una necesidad! ¿Qué habría sucedido si Daniel se hubiera dado por vencido después de solo cinco o diez días? Recuerda que Dios es fiel. Él escuchará tus oraciones. Él responderá mientras ores y no te desanimes. Permite que el saldo de la oración esté fuertemente a tu favor.

Había una mujer en nuestra iglesia que tenía una hija que no llevaba una vida cristiana. Parecía que cuanto más oraba, más seguía su hija a sus amigos mundanos. Sin embargo, ella me escuchó hablar sobre este tema. La madre comenzó a orar fielmente por su hija y no se desanimó ni siquiera a causa de las circunstancias que empeoraban. Un día, mientras oraba, supo en su corazón que había acumulado suficientes oraciones para atender la necesidad. Tenía el testimonio, en su ser interior, de que Dios había hecho la obra. En pocos días, la hija fue a la iglesia y entregó su vida al Señor. Como nos dice Jesús en Juan 6:44: "Nadie puede venir a mí, si no lo trae el Padre que me envió".

Esa madre tenía una gran fe y confiaba en que el Padre atraería a su preciosa hija a Jesucristo. La hija tomó la decisión más importante de su vida al decidir seguir a Cristo. Ahora, madre e hija sirven fielmente a Cristo.

La persistencia en la oración es fundamental. Hasta que lleguemos al cielo, es posible que nunca sepamos por qué una oración se retrasó. Al igual que Daniel, descubrimos que la respuesta a nuestras oraciones pudo haber sido obstaculizada por el diablo. O podría haber un problema de tiempo. Dios podría estar trabajando en otra persona o en otra situación. Hay una multitud de razones por las que nuestras oraciones no siempre se responden en nuestro tiempo. Pero ten la seguridad de que definitivamente son escuchadas y Dios está respondiendo. Ser paciente, persistente y confiar en el tiempo de Dios debe ser parte de nuestra comprensión cuando estamos en oración.

La oración trae salud

A pesar de todos los avances de la ciencia médica moderna, las personas todavía sufren de enfermedades y dolencias. Los padecimientos cardíacos y el cáncer siguen siendo congruentemente los mayores causantes de muerte. La comunidad médica está de acuerdo en que el estrés es la causa de la mayoría de nuestros problemas físicos. Problemas de salud como enfermedades cardíacas, asma, obesidad, diabetes, dolores de cabeza, ansiedad y depresión, problemas gastrointestinales, Alzheimer, envejecimiento acelerado y muerte prematura se encuentran en la larga lista de dolencias físicas que se agravan debido al estrés.[17]

Por su parte, la amenaza de destrucción y aniquilación nuclear parece ser un tema común en las noticias. En Corea del Sur, la gente vive constantemente consciente de eso.

Las presiones constantes tienen un efecto tremendo en nuestra calidad de vida. Finanzas, salud, matrimonios, crianza de hijos, presiones que pueden afectar a nuestros hijos e incluso nuestra supervivencia, son generadoras de estrés que parecen afectar a muchos. Mientras la tecnología aumenta a una velocidad que la mayoría no puede comprender, las presiones de la vida también están *in crescendo*. En este moderno siglo veintiuno, ¿qué podemos hacer para superar la ansiedad y el estrés que nos agobian?

La respuesta a esta pregunta no es nueva, pero es extremadamente menospreciada en la sociedad actual. ¡Se trata de la oración!

Hablamos de oración, le decimos a la gente que oraremos por ellos y usamos la palabra "oración" en muchas de nuestras conversaciones. Sin embargo, la oración que es constante, enfocada, específica y habitual no es una disciplina común entre muchos. En mis inicios en el cristianismo, yo (el Dr. Cho) aprendí el secreto de levantarme temprano por la mañana y dedicar un tiempo significativo a la oración. Esa disciplina ha sido una parte crucial de mi vida. En esos momentos, le entrego a Dios mis preocupaciones y ansiedades, y paso tiempo enfocándome en su Palabra y escuchando al Espíritu Santo. Muy a menudo, en ese tiempo, he sentido su presencia en maneras maravillosas.

¡Anímate! ¡Puedes comenzar ya! No pienses en cuánto has perdido o en los errores que has cometido. Concéntrate en este preciso momento y en el futuro que tienes por delante. No mires hacia atrás, comienza hoy. Empieza con una pequeña cantidad de tiempo. Unos quince minutos de oración diaria esta semana, por ejemplo; luego aumenta a veinte minutos la próxima semana, treinta minutos la siguiente; y ve agregando tiempo a medida que te disciplines para desarrollar este hábito diario que será bendecido por Dios. Y a través de todo eso: "No se preocupen por nada; más bien, en toda ocasión, con oración y ruego, presenten sus peticiones a Dios y denle gracias. Y la paz de Dios, que sobrepasa todo entendimiento, cuidará sus corazones y sus pensamientos en Cristo Jesús" (Filipenses 4:6-7).

Tenemos una elección que hacer como cristianos. Podemos estar ansiosos, llenos de estrés y sufriendo sus efectos, o podemos orar y confiar en Dios. Podemos tener nuestros corazones y nuestras mentes llenos de las preocupaciones de este mundo, o podemos orar y experimentar una paz que el mundo no comprende. ¿Cuál es el asombroso beneficio de lo último? Paz, descanso, contentamiento y fe.

La oración aborda la causa, no solo los efectos. Si la causa de la mayoría de nuestras enfermedades es la ansiedad, entonces la forma de lidiar con los síntomas resultantes de ella es manejar la causa, liberándonos de nuestra ansiedad.

Pablo les recordó a los filipenses que el secreto para vivir sin ansiedad y sin miedo es orar: "Presenten sus peticiones a Dios y denle gracias" (4:6). Cuando oras, estás poniendo en manos de Dios el problema que te ha causado ansiedad. Luego, a través de la acción de gracias, dejas el problema en manos de Dios y no vuelves a tomarlo. Confía en Dios que te ha escuchado y que responderá a tu oración. Al lidiar con la ansiedad, el estrés y el miedo, la mayoría de los síntomas pueden simplemente desaparecer con el tiempo.

Dado que ahora te estás apoyando en los recursos eternos que tu Padre celestial te da en abundancia, no tienes que tener miedo; es más, puedes tener paz. Las personas que te rodean no entenderán esto porque les parecerá algo absurdo. Ellos no pueden entenderlo, pero debido a quién eres en Cristo, tú puedes entenderlo. Eres un hijo de Dios, tienes al Espíritu Santo morando en ti, tienes la mente de Cristo, has sido perdonado de tus pecados y Dios no te acusa de nada. Has sido transferido del reino del mal al maravilloso reino de Dios. Estás espiritualmente vivo, y Dios te dará paz sobrenatural en medio de la tragedia y las tormentas que la vida pueda traer. ¡Entrega el objeto, la persona o el miedo a Dios! Él te ama con un amor eterno y escucha cuando clamas por ayuda. Él está escuchando y respondiendo.

> *Señor, ayúdame a vivir este día con tranquilidad y disposición. A apoyarme en tu gran fuerza, confiadamente y en descanso. A esperar el desarrollo de tu voluntad, con paciencia y serenidad. A encontrarme con los demás, en paz y con alegría. A enfrentar el mañana, con confianza y valentía.*
> *—Francisco de Asís*

En la actualidad, las personas sienten que deben hacerlo todo por sí mismas. Nos hemos convertido en la generación de "lo haré yo mismo". Lo último que el mundo quiere hacer es confiar en alguien más, especialmente en Dios. Debido a ello, muchos sufren de úlceras gástricas, ataques cardíacos, cáncer y una serie de enfermedades variadas. Sin embargo, podemos vivir con una paz que la mayoría de las personas en el mundo no entiende. Podemos experimentar paz, una sensación de calma, energía celestial y pensamientos saludables. Para lograrlo, necesitamos entregar nuestros problemas al Señor, en oración. Eso influirá enormemente en nuestra calidad de vida: estaremos más sanos, más tranquilos y con un mayor sentido de seguridad y confianza.

La oración tiene muchos beneficios

Es nuestra oración que te sientas motivado a orar como nunca antes lo has hecho. Por favor, no mires atrás. Considera el momento presente y concéntrate en el futuro. Puedes comenzar a orar de manera más efectiva hoy mismo. Es muy probable que siempre hayas sabido que necesitas orar, pero no encontrabas suficiente tiempo. El ajetreo, las redes sociales, las interrupciones constantes y las preocupaciones de la vida son las razones más comunes por las que los cristianos no oran.

Recuerda varias cosas que te animarán y motivarán a orar:

La oración genera poder en tu vida. Necesitamos más poder para enfrentar los ataques nuevos y más complejos que Satanás está usando hoy. El enemigo de nuestra alma está atacando al pueblo de Dios en todo el orbe. Sin embargo, podemos vencer al diablo si entendemos quiénes somos en Cristo y que Satanás fue derrotado en la cruz.

La oración eficaz del justo puede mucho (Santiago 5:16)

La oración producirá en ti una maravillosa comprensión espiritual. A través de la disciplina de la oración, te volverás más consciente de las realidades espirituales en todas las áreas de tu vida, por lo que tus sentidos espirituales se potenciarán enormemente.

"Clama a mí y te responderé; te daré a conocer cosas grandes e inaccesibles que tú no sabes" (Jeremías 33:3)

Tu vida de oración te llevará a una comunión más íntima con el Espíritu Santo. Tus dones espirituales se harán evidentes para ti (y ante otros) a medida que comiences a utilizar este maravilloso regalo que te ha sido dado por el Espíritu Santo. Tu vida de oración te dará una nueva libertad para entender quién eres en Cristo, el Jesucristo del presente, y te asegurará que él nunca te abandonará y, a través del Espíritu Santo, te guiará y te aconsejará.

Mientras oraban, el lugar empezó a temblar. ¡Parecía un terremoto! Todos estaban llenos del Espíritu Santo y hablaban la palabra de Dios con ánimo y sin temor. Los creyentes estaban unidos en un mismo propósito y un mismo sentir. Ni siquiera reclamaban sus propios bienes. Nadie decía: "Eso es mío; no te pertenece". ¡Lo compartían todo! Los apóstoles dieron un poderoso testimonio de la resurrección del Señor Jesús, y sobre todos ellos se derramó la gracia (Hechos 4:31-33 BEM).

A través de tus oraciones persistentes, recibirás respuestas.
Tu salud emocional y física mejorará a medida que hagas de la
oración la prioridad más alta en tu vida.

> Porque yo conozco los planes que tengo para ustedes
> —afirma el Señor—, planes de bienestar y no de calamidad,
> a fin de darles un futuro y una esperanza. Entonces ustedes
> me invocarán, vendrán a suplicarme y yo los escucharé.
> Me buscarán y me encontrarán cuando me busquen de
> todo corazón (Jeremías 29:11-13).

Somos diseñados para desear aquellas cosas que percibimos
como lo mejor para nosotros. Para motivarte a orar, te hemos
expresado cómo puedes beneficiarte en espíritu, alma y cuerpo. Es probable que no lo sepas a nivel intelectual, pero en lo
profundo de tu corazón existe el anhelo de comunicarte y tener
comunión con tu Creador: "Él [Dios] sembró la eternidad en el
corazón humano" (Eclesiastés 3:11).

Al comprender estas verdades acerca de la oración, estás listo
para ingresar a la próxima sección de este libro; "Los tres tipos de
oración". En esta, verás los tres tipos únicos de oración y cómo
moverte en ellos con éxito. Si no los comprendes, es posible que
no entiendas todos los pasajes que tratan sobre esta actividad
esencial.

Además, ¿por qué algunas oraciones son respondidas rápidamente y otras tardan tanto? ¿Por qué debemos pedirle a Dios
cosas que él ya sabe que necesitamos? Las respuestas a estas
y otras preguntas importantes serán abordadas en la próxima
sección.

"Les digo, ustedes pueden orar por cualquier
cosa y si creen que la han recibido, será suya".
—Jesús citado en Marcos 11:24

SEGUNDA PARTE

Tres tipos de oración

Para comprender los tres tipos de oración que existen, debemos estudiarlos en el contexto de las enseñanzas de Cristo. En ningún otro lugar de los evangelios pueden verse tan claros como en Lucas 11:1-9.

> Un día estaba Jesús orando en cierto lugar. Cuando terminó, dijo uno de sus discípulos:
> —Señor, enséñanos a orar, así como Juan enseñó a sus discípulos.
> Él les dijo:
> —Cuando oren, digan: Padre, santificado sea tu nombre. Venga tu reino. Danos cada día nuestro pan cotidiano. Perdónanos nuestros pecados, porque también nosotros perdonamos a todos los que nos ofenden. Y no nos dejes caer en tentación. Supongamos —continuó— que uno de ustedes tiene un amigo y a medianoche va y le dice: "Amigo, préstame tres panes, pues se me ha presentado un amigo recién llegado de viaje y no tengo nada que ofrecerle". Y el que está adentro le contesta: "No me molestes. Ya está cerrada la puerta y mis hijos y yo estamos acostados. No puedo levantarme a darte nada". Les digo que, aunque no se levante a darle pan por ser amigo suyo, sí se levantará por su impertinencia y le dará cuanto necesite.
> Así que yo digo: Pidan y se les dará; busquen y encontrarán; llamen y se les abrirá.

Lo que se conoce corrientemente como el Padrenuestro está expresado asimismo, en otro contexto, en Mateo 6. Sin embargo, allí el tema de Cristo es la motivación para orar, no los tipos de oración. En Mateo, Jesús nos enseña a cuidarnos de practicar nuestra piedad delante de la gente para que nos admiren; por el contrario, cuando oramos debemos dedicarnos a admirar a nuestro Padre celestial.

El contexto de Lucas 11 prepara el escenario para toda la enseñanza definitiva sobre la oración. Jesús había entrado en una de sus localidades favoritas, donde tenía buenos amigos: Betania. Se trataba de un pueblito situado en el Monte de los Olivos, en las afueras de Jerusalén. Allí residían María, Marta y Lázaro, a quien más tarde Cristo resucitaría de los muertos. Simón el leproso, en cuya casa Jesús habría de ser ungido, también vivía en Betania. Cuando Cristo hizo su entrada triunfal en Jerusalén, pasó la noche en aquella aldea. Desde las afueras de Betania, el Señor fue llevado al cielo. No es necesario decir que todos tenemos lugares donde nos sentimos serenos. Estoy convencido de que Betania era esa clase de lugar para nuestro Señor.

Es probable que aquella noche Cristo fue al huerto que había detrás de la casa para orar. Los discípulos observaron la forma especial en que se dedicaba a hacerlo, por lo que desearon para sí esa misma clase de vida de oración. De modo que le pidieron: "Señor, enséñanos a orar".

Como pastor (Dr. Cho), aprendí desde el comienzo de mi ministerio que la única forma de que los miembros de mi iglesia oraran era haciéndolo yo mismo. Si no tuviera una vida de oración, tampoco tendría una iglesia que ora; y, desde luego, no me encontraría en medio del avivamiento que la iglesia ha experimentado.

Los discípulos de Cristo solo estuvieron preparados para recibir enseñanza en cuanto a la oración después de haber expresado el deseo de aprender como consecuencia del ejemplo de su Maestro. En su enseñanza, nuestro Señor no les dio sencillamente una fórmula de oración. Les dio los principios elementales de la oración.

- La oración debe comenzar con alabanza:
  "¡Santificado sea tu nombre!"

- La oración debe incluir expectación:
  "¡Venga tu reino!".

- La confesión debe tener petición:
  "El pan nuestro de cada día, dánoslo hoy".

- La confesión debe ser parte integral de la adoración:
  "Perdónanos nuestros pecados".

La confianza en la capacidad protectora de Dios también fue explicada cuando dijo: "No permitas que entremos en el lugar de la tentación, mas líbranos del mal" (paráfrasis).

En el versículo 9 se enumeran los tres tipos de oración y se representan como tres promesas:

- *¡Pidan y recibirán!*
- *¡Busquen y hallarán!*
- *¡Llamen y se les abrirá!*

Al dividir la Palabra de Verdad —las Escrituras—, uno puede errar fácilmente tratando de ser demasiado específico. Claro que cuando estudiamos, vemos superposiciones de las oraciones de petición, devoción e intercesión; sin embargo, las distinciones entre ellas resultan evidentes en Lucas 11.

CAPÍTULO 6

Orar es pedir

Por eso, confiésense unos a otros sus pecados y oren unos por otros, para que sean sanados. La oración del justo es poderosa y eficaz.

—Santiago 5:16

Ten cuidado de cómo ores. Trata esto con seriedad. Que nunca sea una formalidad inerte ... Presenta la promesa de manera veraz y con un enfoque empresarial ... Pide lo que desees, porque el Señor lo ha prometido. Cree que tienes la bendición y ve a tu trabajo con plena certeza de ello. Levántate cantando, porque la promesa se ha cumplido: así será respondida tu oración; no es la extensión de tu oración, sino la fuerza de ella lo que prevalece ante Dios. La fuerza de la oración reside en tu fe en la promesa que has suplicado ante el Señor.

—C. H. Spurgeon

Cuando oramos, debemos aprender a pedir de manera específica.

Es cierto que Dios lo sabe todo. Sin embargo, no podemos adoptar la actitud de que no necesitamos pedirle nada a Dios porque ya sabe lo que necesitamos. Algunos han llegado a la conclusión de que no debemos pedir porque en Mateo 6:8 dice: "No sean como ellos, porque su Padre sabe lo que ustedes necesitan antes de que se lo pidan".

El contexto de este versículo es fundamental para entender su significado. Jesús acababa de decir: "Y al orar, no hablen solo por hablar como hacen los gentiles, porque ellos se imaginan que serán escuchados por sus muchas palabras" (v. 7). Jesús se refería a repetir las mismas oraciones en forma ritual. *No pretendía que dejáramos de pedir.* Por el contrario, quería que pidiéramos a nuestro Padre con oraciones que surgieran de nuestro corazón. ¡Pedir a Dios es fundamental en la oración!

Dios es nuestro Padre y, como tal, disfruta dando a sus hijos. El hijo tiene derechos en una familia. Somos hijos de Dios y tenemos privilegios familiares. El Hijo de Dios, Jesucristo, nos enseñó a pedir: "En aquel día ya no me pedirán nada. Les aseguro que mi Padre les dará todo lo que pidan en mi nombre. Hasta ahora no han pedido nada en mi nombre. Pidan y recibirán para que su alegría sea completa" (Juan 16:23-24).

El Padre nos ama porque creemos en su Hijo, Jesucristo. Somos parte del cuerpo de Cristo y somos sus seguidores (discípulos). Esto significa que somos partícipes de la herencia del Hijo unigénito. El Evangelio de Juan registra las palabras de Jesús: "El Padre mismo los ama porque me han amado y han creído que yo he venido de parte de Dios" (16:27). ¡Dios es un buen Dios! Él desea darnos todas las cosas buenas, basta con que simplemente se lo pidamos. Jesús dijo: "Si ustedes, aun siendo malos, saben dar cosas buenas a sus hijos, ¡cuánto más su Padre que está en los cielos dará cosas buenas a los que le pidan!" (Mateo 7:11).

Cristo vino a traer redención y restauración a un mundo caído. Cuando fue crucificado, el Padre estaba creando las condiciones a través de las cuales la humanidad podría ser restaurada a una comunión completa con Dios. Pablo escribió que "Esto es, que en Cristo, Dios estaba reconciliando al mundo consigo mismo, no tomándole en cuenta sus pecados y encargándonos a nosotros el mensaje de la reconciliación" (2 Corintios 5:19).

Basados en la obra reconciliadora del Padre, todos tenemos potencial para ser salvos. Sin embargo, debemos predicar este mensaje de salvación por todos los rincones de la tierra, brindándole a toda la humanidad la oportunidad de aceptar o rechazar el evangelio, las buenas nuevas de que el precio ha sido pagado y que el acceso directo a Dios está a disposición de todos. Sin embargo, cada uno debe pedir y recibir esta gran bendición de salvación; todos deben pedirle a Cristo que entre en su corazón. Aunque el regalo de la salvación es para todos, solo puedes apropiártelo si lo pides y crees.

> Si confiesas con tu boca que Jesús es el Señor y crees en tu corazón que Dios lo levantó de entre los muertos, serás salvo. Porque con el corazón se cree para ser justificado, pero con la boca se confiesa para ser salvo (Romanos 10:9-10).

Nuestra regeneración no es lo único que Cristo compró por nosotros y por lo cual pedimos. La plenitud del Espíritu Santo también está a nuestra disposición simplemente con pedirlo. Lucas 11:13 nos recuerda las palabras de Jesús: "Pues si ustedes, aun siendo malos, saben dar cosas buenas a sus hijos, ¡cuánto más el Padre celestial dará el Espíritu Santo a quienes se lo pidan!". Por lo tanto, el regalo de la salvación y la plenitud del Espíritu Santo, así como otros dones, están a nuestra disposición a través de la oración petitoria.

Dios no rechazará a nadie que le pida sabiduría, al contrario, la dará libremente, siempre que la pidamos con fe (ver Santiago 1:5). Los dones del Espíritu Santo están a la disposición de quien los pida. Sanidad, liberación, prosperidad, favor y bendición, todo ello debe ser pedido. También tenemos el derecho de pedir por nuestro renuevo y el avivamiento personal.

> ¡Pídanle al Señor que llueva en primavera!
> ¡Él es quien hace los nubarrones
>   y envía los aguaceros!
> ¡Él es quien da a todos
>   la hierba del campo! (Zacarías 10:1).

Las bendiciones de Dios están a nuestra disposición con solo pedirlas. Podemos tener las bendiciones de Dios —las que

Zacarías simboliza con la lluvia y los aguaceros— porque él nos ha enseñado a pedirlas. Nos queda claro que Dios siempre está dispuesto a darles a sus hijos lo que le pidan. Sin embargo, debemos participar activamente en la respuesta a nuestras necesidades al pedir. Como nos dice el apóstol Pablo: "No se preocupen por nada; más bien, en toda ocasión, con oración y ruego, presenten sus peticiones a Dios y denle gracias" (Filipenses 4:6).

¿Qué implica pedir?

¿Cómo podemos obtener respuestas positivas a nuestras oraciones petitorias? Hay cuatro condiciones que deben cumplirse para asegurarnos de que nuestras peticiones como cristianos sean respondidas afirmativamente:

1. *¡Debemos pedir con fe!* Pedir cosas a Dios, simplemente, no garantiza una respuesta afirmativa. Jesús dijo: "Si ustedes creen, recibirán todo lo que pidan en oración" (Mateo 21:22).

2. *¡Debemos mantener una relación con Jesucristo!* "Si permanecen en mí y mis palabras permanecen en ustedes, pidan lo que quieran y se les concederá" (Juan 15:7). Cuando permanecemos en nuestra relación con Cristo y en la oración, nos desarrollamos espiritualmente al punto que sus deseos sean los nuestros; por lo tanto, este *cheque en blanco* espiritual se nos puede confiar.

3. *¡Debemos tener motivaciones adecuadas!* "Y cuando piden, no reciben porque piden con malas intenciones, para satisfacer sus propias pasiones" (Santiago 4:3). Es el deseo de Dios darnos todas las cosas buenas; lo sabemos. Sin embargo, muchas peticiones las generada el puro egoísmo. Dios desea que lo que le pidamos sea con el propósito de que él sea glorificado.

4. *¡Debemos pedir de acuerdo a la voluntad de Dios!*
   ¿Significa esto que deberíamos preguntarnos si Dios
   quiere que seamos sanados antes de orar por sanidad?
   ¡No! Por eso es muy importante entender las promesas y
   enseñanzas de las Escrituras. La Biblia nos dice cuál es la
   voluntad de Dios.

Cuando pedimos algo que Dios nos ha prometido, entonces
sabemos con certeza que estamos orando según la voluntad de
Dios. "Esta es la confianza que tenemos al acercarnos a Dios:
que, si pedimos cualquier cosa conforme a su voluntad, él nos
oye. Y si sabemos que Dios oye todas nuestras oraciones, podemos estar seguros de que ya tenemos lo que le hemos pedido"
(1 Juan 5:14-15).

Cómo responde Dios las peticiones

El líder global de oración Dick Eastman escribe en su libro
La hora que cambia al mundo: "Debido a que la petición es
una expresión de impotencia, debe estar presente cada día en
la hora devocional. Jesús nos enseñó a orar: 'Danos hoy el
pan nuestro de cada día' (Mateo 6:11)". Luego explica que
la petición debe ser específica (decirle exactamente lo que
estamos pidiendo), completa (elevar cuidadosamente toda la
solicitud sin omitir ningún detalle), sincera (comprometerte
plenamente a ella) y simple (olvidar la elocuencia; a él no lo
impresionas, solo dile en tus propias palabras lo que deseas).

Dios responde a nuestras peticiones dentro del marco de su
personalidad. Es decir, no nos da exactamente lo que necesitamos.
Al contrario, nos da en abundancia: "Mi Dios, pues, suplirá todo
lo que os falta conforme a sus riquezas en gloria en Cristo Jesús"
(Filipenses 4:19 RVR1960). Los recursos de Dios son ilimitados.
De esa manera, provee todas nuestras necesidades. Por lo tanto,
él no carece de ninguna cosa buena. Tiene almacenes llenos.

Cuando entendemos esto y pronunciamos nuestras oraciones petitorias, Dios puede abrir el almacén que desee para ti.

Una petición, tal como sucede en el ámbito político, es una solicitud a un soberano para que efectúe alguna acción. Cualquier solicitud hecha a Dios es, por lo tanto, una petición. La oración, por otro lado, es cualquier comunicación con Dios. Como tal, todas las peticiones presentadas a Dios se entregan como oración, pero hay formas de oración (glorificación, confesión, acción de gracias) que no son petitorias.

En los primeros días de mi caminar con Jesús y al inicio de mi ministerio, aprendí (Dr. Cho) estos principios. Estudié las Escrituras y descubrí que Dios es un Dios bueno. Es mucho más bueno que lo que nuestra capacidad puede entenderlo. Su amor por nosotros es más grande que lo que podrías comprender en tu humanidad. ¡Dios es amor y Dios es bueno! Durante la depresión económica más difícil después de la Guerra de Corea, comencé mi ministerio en la zona más pobre de Seúl. Aprendí a ayunar, no solo por razones espirituales, sino porque no tenía nada que comer. A través de mis oraciones y el estudio de la Biblia, descubrí que Dios no es solo el Dios de Estados Unidos de América o Europa, sino que es el Dios de cualquiera que aprenda a confiar en él.

Al comienzo de mi vida cristiana y de mi ministerio, estaba soltero y vivía en una habitación pequeña. En invierno, me envolvía en varias mantas porque no tenía calefacción. Corea es muy fría en invierno, por lo que tenía dificultades para mantenerme caliente. Mis mensajes estaban llenos de palabras acerca de la provisión divina y su abundancia con nosotros, como hijos de Dios. Sin embargo, estaba en un dilema. Si Dios era tan bueno, si tenía recursos tan grandes y abundantes, ¿por qué yo era tan pobre? Esta es una pregunta que muchos, especialmente en las regiones en desarrollo del mundo, todavía se están haciendo.

De modo que decidí que necesitaba tres cosas. Dado que no tenía forma de visitar a mis miembros, requería una bicicleta. Como no tenía lugar para poner mi Biblia cuando estudiaba, necesitaba un escritorio. Y, con el escritorio, necesitaba una silla. Estos tres elementos eran extrañísimos en ese momento, aunque puedan parecer insignificantes hoy, pero eran algo muy grandes en aquel entonces.

> *La oración eficaz es la que logra lo que busca.*
> *La oración es la que mueve a Dios*
> *a conseguir su objetivo.*
> *—Charles G. Finney*

Cuando oraba, lo hacía con absoluta confianza. Así que le pedí a mi Padre celestial los tres elementos: una silla, un escritorio y una bicicleta. Mes tras mes, le repetía esas peticiones a Dios, sintiendo que al seguir pidiendo lo mismo, al fin me escucharía y me respondería. Al cabo de seis meses, me desanimé.

Dios, sé que el tiempo no significa nada para ti. Sin embargo, realmente necesito estas cosas ahora. Tal vez planeas tomar mucho más tiempo en responder a mi solicitud. Pero si esperas demasiado, estaré muerto y no las necesitaré, oré sin muchas esperanzas.

Entonces, escuché una voz suave en mi interior, que me decía: *Hijo, te escuché el primer día que oraste hace seis meses.*

"Bueno, ¿y por qué no me los diste?", pregunté.

"Me pediste una bicicleta. ¿Es eso correcto? Sin embargo, hay muchas marcas de bicicletas. ¿Qué tipo quieres? También hay diferentes escritorios hechos de diversos tipos de madera. ¿Qué tipo de escritorio quieres? También hay varios tipos de sillas. ¿Qué clase de silla quieres?".

Esas palabras que me fueron habladas esa noche revolucionaron mi vida.

Decidí pedirle a Dios tres artículos específicos: una bicicleta fabricada en Estados Unidos. En ese momento, tenía tres opciones de bicicletas, pero la estadounidense era la más resistente. Pedí un escritorio hecho de caoba filipina. Por último, pedí una silla, pero no cualquiera. Esta tenía pequeñas ruedas en la parte inferior para poder moverme por mi habitación como un "tipo importante". En dos semanas, me dieron una bicicleta, ligeramente usada, por el hijo de un misionero estadounidense. Tenía mi escritorio, hecho de madera de caoba de Filipinas, y una silla para acompañar mi escritorio. Por supuesto, tenía las ruedas pequeñas.

La parte divertida de esta historia sucedió antes de que llegara la provisión de Dios. Un domingo, predicaba sobre Romanos 4:17: "Está escrito: 'Te he confirmado como padre de muchas naciones'. Así que Abraham creyó en el Dios que da vida a los muertos y que llama las cosas que no son como si ya existieran". Mientras exponía mi sermón, me escuché decir, con mucha seguridad: "¡Me han dado una bicicleta, una silla y un escritorio!". Luego procedí a describir cada artículo.

Después del servicio, tres jóvenes me preguntaron: "Pastor, ¿podemos ver esos tres grandes regalos que Dios le ha dado?". Es comprensible, tenían curiosidad porque cualquiera de esas cosas sería considerada una posesión inusual durante esa época en aquella área.

Así que, de camino a casa, me encontré entre la espada y la pared por lo que iba a decirles a esos jóvenes cuando vieran la habitación vacía. Al abrir la puerta, los observé mirando alrededor de la pequeña y desolada habitación en busca de la bicicleta, la silla y el escritorio. Uno de ellos, perplejo, preguntó:

—Pastor, ¿dónde están?

—¡Están aquí mismo! —dije, señalando mi estómago—. Permítanme explicarlo con una pregunta. ¿Dónde estaban ustedes antes de nacer?

—En el vientre de mi madre —respondió uno de ellos.

—¡Correcto! Ahora, ¿existían antes de nacer? —les pregunté, viendo un destello de luz comenzar a brillar en sus rostros.

—Sí, naturalmente existíamos en el vientre de nuestra madre.

—Pero nadie podía verlos —les dije y sonreí mientras les contaba lo que finalmente vieron con mi situación.

—Sí, ¡yo también estoy embarazado! ¡Embarazado de una silla, de un escritorio y de una bicicleta hecha en Estados Unidos de América! —exclamé con satisfacción.

Se sorprendieron y comenzaron a reír.

—Bueno, pastor, ¡así que está embarazado! —exclamaron mientras reían a carcajadas.

Traté de advertirles que no se lo dijeran a nadie, pero algo como un hombre embarazado no se podía mantener en secreto. La noticia de que el pastor de la iglesia de la comunidad estaba embarazado se extendió por todo el vecindario. Las mujeres me miraban y sonreían cuando pasaba. Los niños pequeños ponían sus manos en mi estómago para sentir la bicicleta.

Sin embargo, cuando Dios milagrosamente me proporcionó cada uno de los artículos, yo era el que sonreía. De esa manera, Dios me enseñó a ser específico en mis peticiones. Así es cómo se ora en fe: no ores por generalidades. Asegúrate de lo que necesitas y escríbelo. Cuéntale a Dios en detalle, exactamente, lo que estás pidiendo. Luego, comienza a confesar que lo has recibido. Puede que no quieras hacer esto en público, ¡pero empieza a agradecerle a Dios y a confesar la respuesta! Recuerda que lo que pedimos en fe, Dios lo proveerá.

Ha sido significativo que Dios le enseñe esto a un joven pastor de un país pequeño. Por lo general, solo los predicadores occidentales hablan sobre la abundancia de Dios en la provisión de sus necesidades. Pero puedo testificar que Dios puede hacer lo mismo por cualquier hombre o mujer que le presente una petición de acuerdo a su Santa Palabra. ¡Él puede hacerlo por ti!

Escribe tu solicitud. Sé específico, pide y agradece a Dios por escuchar tu oración y responder. ¿Es en cuanto a tu matrimonio, tus hijos y tu familia en lo que necesitas desesperadamente que Dios te ayude? ¿Es tu trabajo o tus finanzas? ¿Es tu salud o la de un miembro de la familia? Pronuncia la petición con detalles específicos. Comienza a agradecer a Dios por su respuesta, ya que está en camino.

Muy a menudo nuestras condiciones sociológicas y económicas dictan nuestro nivel de fe. Por eso es tan importante que le pidamos a Dios que aumente nuestras visiones y sueños, que son el lenguaje del Espíritu Santo. Al tener una visión más grande, podemos ver la mayor provisión de Dios.

Muchos piensan que las grandes personas deben provenir de grandes países, vivir en tiempos grandiosos y realizar tareas grandiosas. Tienen ventajas inusuales, un alto nivel de educación y riqueza, lo que les da una ventaja sobre los demás. Esto podría parecer cierto pero, en realidad, no lo es. Aquellos que tienen el favor único de Dios tienen una ventaja significativa. Jesucristo, el Hijo de Dios, vino de un país pequeño y débil, Israel. Durante el tiempo de nuestro Señor en la tierra, Israel estaba bajo la opresión del imperio romano. Aunque realizó las tareas más grandes, ciertamente no vivió en un momento grandioso para Israel. Sin embargo, él es el punto focal de la historia humana.

No importa quién seas, ¡puedes marcar la diferencia! Tu vida puede cambiar tu comunidad, tu ciudad e incluso tu nación. Si conoces el secreto de la oración petitoria, puedes impactar a este mundo para la gloria de Dios.

> *Dios desea darte mucho más de lo que puedes soñar o imaginar.*

Salomón dijo: "Con regalos se abren todas las puertas y se llega a la presencia de gente importante" (Proverbios 18:16). ¡Pídele a Dios el regalo que tendrá el mayor impacto en tu situación actual! ¡No te conformes con lo normal! Provengo de un hogar pobre, de un país pobre y de circunstancias naturales pobres. Sin embargo, nunca tuve que forzar mi camino ante los grandes hombres (a los ojos del mundo). La gracia que Dios me regaló me ha llevado ante reyes, reinas, presidentes y líderes mundiales célebres.

Si Dios puede hacer esto por mí, ¡también puede hacerlo por ti! Tanto Wayde como yo estamos completamente de acuerdo en que las promesas de Dios para ti se cumplirán cuando le pidas y le creas. Incluso si estás leyendo este libro mientras vives en pobreza, tu vida puede dejar una huella en dondequiera que vivas y hasta en el mundo. No importa en qué lugar te encuentres, es posible que Dios desee que impactes comunidades enteras, ciudades y regiones del orbe.

Tú —sí, tú— puedes orar por esa necesidad que tienes y creer que Dios la suplirá. Tu oración será escuchada, y ten la seguridad de que Dios responderá. "Pidan y se les dará; busquen y encontrarán; llamen y se les abrirá. Porque todo el que pide, recibe; el que busca, encuentra y al que llama, se le abre" (Mateo 7:7-8).

"Pídeme, y como herencia te entregaré las naciones;
serán tu propiedad los confines de la tierra".
—Salmos 2:8

CAPÍTULO 7

Orar es fervor

Si desde allí buscan al Señor su Dios con todo su corazón y con toda su alma, lo encontrarán.
—Deuteronomio 4:29

Oro porque no puedo evitarlo. Oro porque me siento indefenso. Oro porque todo el tiempo lo necesito, despierto y dormido. Eso no cambia a Dios. Me cambia a mí.
—C. S. Lewis

Dios creó a la humanidad para que tuviera comunión con él. Hay un vacío que no puede llenar nada más que una genuina comunión con Dios. Independientemente de lo que adquiera el ser humano, no puede reemplazar la comunión que cumple con la esencia misma de nuestro ser, dando propósito a la vida, nutriendo el núcleo de nuestra alma.

Dios creó a Adán y a Eva, y les dio aliento de vida. Además de seres físicos, ellos eran seres espirituales. Su dimensión espiritual les dio la capacidad para tener comunión y compañerismo con Dios en el jardín del Edén, al frescor de la tarde. Adán y Eva perdieron su íntima comunión con Dios a causa del pecado.

Dios, sin embargo, aún deseaba tener comunión con la humanidad, así que tomó la iniciativa a través de Abram. Cuando Abram tenía casi cien años, Dios le habló: "Ya no te llamarás Abram, sino que de ahora en adelante tu nombre será Abraham" (Génesis 17:5). Abraham llegó a ser el padre, que tendría la oportunidad de tener comunión con Dios.

Entonces, Dios manifestó su presencia física sobre la tierra en el tabernáculo construido por Moisés en el desierto. No obstante, salvo pocas excepciones, solo el sumo sacerdote podía entrar en la tercera parte de dicho tabernáculo: el Lugar Santísimo.

Cuando al fin los israelitas reconocieron a David como rey, lo primero que este hizo fue llevar de nuevo el arca del pacto, símbolo de la presencia de Dios, al centro de la adoración de Israel. Sin embargo, en vez de colocarla en la tienda de Moisés, Dios pidió que se erigiese en Sion, el lugar donde estaba la casa de habitación de David:

> "Porque Jehová ha elegido a Sion; la quiso por habitación para sí" (Salmos 132:13 RVR1960).

En Sion Dios tendría acceso directo al pueblo y comunión con Israel.

Empero, la adoración de Israel se convirtió en algo ritual. Por eso, Dios volvió a tomar la iniciativa para restaurar su comunión con el hombre al venir en la persona de Jesucristo.

En la era de la iglesia, Dios nos ha dado al Espíritu Santo para que nos guíe al compañerismo y la comunión con el Padre y el Hijo. Jesús dijo en cierta ocasión: "Él me glorificará porque tomará de lo mío y se lo dará a conocer a ustedes ... Todo cuanto tiene el Padre es mío. Por eso les dije que el Espíritu tomará de lo mío y se lo dará a conocer a ustedes" (Juan 16:14, 15); y amplió eso más aun: "¿Quién es el que me ama? El que hace suyos mis mandamientos y los obedece. Y al que me ama, mi Padre lo amará; y yo también lo amaré y me manifestaré a él" (Juan 14:21). Luego, en el versículo 23, indicó: "El que me ama obedecerá mi palabra y mi Padre lo amará; vendremos a él y haremos nuestra morada en él".

La oración petitoria es importante para conseguir lo que necesitamos de Dios; no obstante, orar consiste en mucho más que pedir. Jesús dijo: "¡Busquen y hallarán!" (Mateo 7:7; Lucas 11:9). Dios no es únicamente un centro de ayuda en el que podemos obtener todo cuanto necesitemos, por nobles que sean nuestros motivos. Es un ser vivo que desea nuestra comunión. Jesús le dijo a la mujer en el pozo: "Se acerca la hora, y ha llegado ya, en que los verdaderos adoradores rendirán culto al Padre en espíritu y en verdad, porque así quiere el Padre que sean los que le adoren" (Juan 4:23).

Por lo tanto, el siguiente nivel de oración, superior al de *pedir* es *buscar*. Esto no descarta en modo alguno el pedir. Lo mayor nunca excluye lo menor; ¡pero lo menor siempre está incluido en lo mayor!

¿Cuáles son las claves de la búsqueda?

Antes de las cinco de la mañana, yo (Dr. Cho) me despierto. No necesito una alarma para que me despierte. Simplemente escucho un golpe en la puerta de mi corazón y eso, de manera automática, me despierta. Entonces escucho al Señor decir: *Cho, ¡es nuestro momento! Deseo tener comunión contigo ya.* Sin embargo, esa relación constante con Cristo no vino con solo pedirla.

Wayde también tiene este hábito que desarrolló hace muchos años. También se despierta temprano. Por años pensó que algo estaba mal. Se revolvía y trataba de volver a dormirse. Un día, un líder cristiano le dijo:

—Wayde, te ves terrible, parece que no has dormido.

Wayde respondió:

—He estado despierto desde las 2 de la madrugada, no pude dormir.

Cuando le preguntó con qué frecuencia sucedía eso, Wayde dijo:

—Algunas veces una o hasta dos la semana.

El líder le dijo que tenía el mismo don. Wayde pensó: *¿Don?*

Muchos años antes, ese líder descubrió que despertarse temprano era un don de Dios para poder orar, estudiar las Escrituras y escribir.

—¿Por qué no reconoces que eso podría ser Dios y que quiere un tiempo especial de comunión contigo? —sugirió—. Él te dará sabiduría y energías para hacer todo lo que ideó que hicieras.

Desde ese momento (hace más de 25 años), he (Wayde) acogido las primeras horas de la mañana. Me despierto muy temprano una o dos veces a la semana. Sin embargo, también me ocurre la mayoría de las otras mañanas. Es una hora serena. Voy a mi lugar de oración y estudio, leo las Escrituras, oro y escucho al Espíritu Santo. Este es uno de los momentos más maravillosos de mi día. Siento su presencia. Y es cuando busco a Dios.

Nuestro Señor desea estar íntimamente conectado con todo nuestro ser. Hemos sido creados a imagen de Dios, por lo que cuando entregamos nuestras vidas a Jesucristo, nos convertimos en hijos de Dios. Tenemos la mente de Cristo, somos templos del Espíritu Santo y hemos sido trasladados del reino de las tinieblas al reino de Dios. Pertenecemos a Jesucristo, ya que nos compró a un precio sorprendente. Tenemos dones únicos del Espíritu Santo y nuestro Creador nos considera parte de su familia. Él es nuestro Padre celestial. Así como un padre anhela una relación profunda de amor y compañerismo, así nuestro Padre celestial anhela eso de manera constante. Los factores clave para buscar eso incluyen:

- *Devoción y dedicación*. Distraernos y pensar en muchas otras cosas hace que sea imposible concentrarnos en la Palabra de Dios. Tenemos una mente dividida y nos desviamos de un pensamiento a otro. El Señor desea nuestra atención completa cuando oramos, escuchamos al Espíritu Santo y meditamos en la Palabra.

"Me buscarán y me encontrarán cuando me busquen de todo corazón" (Jeremías 29:13)

- *Conciencia*. Cuando oramos, también debemos dedicar mucho tiempo a escuchar lo que dice la Palabra y a estar atentos a la tierna y delicada voz del Espíritu Santo. Jesús dijo que nos recordaría las cosas que él dijo. El Espíritu Santo sabe todo por lo que estamos pasando y es nuestro "ayudador". Escuchar y oír su instrucción y su sabiduría requiere mucho esfuerzo a medida que crecemos entendiendo su voluntad.

Como ciervo jadeante que busca las corrientes de agua, así te busca, oh Dios, todo mi ser (Salmos 42:1).

- *Seguridad*. Estamos seguros de que Dios escucha nuestras oraciones y sabe cuándo lo buscamos. Él desea que lo conozcamos a un nivel más profundo y, como un padre con su hijo, solo quiere lo mejor para nosotros. Tener fe y confiar en Dios es parte de esa seguridad.

Confía en el Señor de todo corazón y no te apoyes en tu propia inteligencia (Proverbios 3:5).

- *Humildad*. Dios odia el orgullo porque ha sido la ruina de muchas personas. Satanás era un ángel muy talentoso hasta que se volvió orgulloso. El orgullo puede insinuarse en nosotros cuando comenzamos a creer que nuestro éxito se debe a los propios esfuerzos. Todo lo que logramos y las maravillosas bendiciones que pueden venir a nuestras vidas son una gracia extraordinaria de Dios. Dependemos absolutamente del favor divino por todo con lo que hemos sido bendecidos. Buscar a Dios viene con una actitud de humildad y seguridad.

"Fue mi mano la que hizo todas estas cosas; fue así como llegaron a existir", afirma el Señor. "Yo estimo a los pobres y contritos de espíritu, a los que tiemblan ante mi palabra" (Isaías 66:2).

El apóstol Pablo llevaba una vida de comunión con Cristo mediante la oración. Así testifica a la iglesia de Filipos: "Sin embargo, todo aquello que para mí era ganancia, ahora lo considero pérdida por causa de Cristo. Es más, todo lo considero pérdida por razón del incomparable valor de conocer a Cristo Jesús, mi Señor. Por él lo he perdido todo y lo tengo por estiércol, a fin de ganar a Cristo" (Filipenses 3:7, 8).

¿Cómo podía Pablo ganar a Cristo? Recuerda que la salvación es un don de Dios por gracia mediante la fe. Pablo se refiere a algo más que a recibir a Cristo y ser salvos; está hablando de tener una comunión y un compañerismo más profundos con el Señor. Este tipo de oración no es gratuita, sino que debe buscarse; y, por lo tanto, requiere esfuerzo. ¿Qué recibía el apóstol de esa clase de oración? Él mismo nos da la respuesta: "Sigo avanzando hacia la meta para ganar el premio que Dios ofrece mediante su llamamiento celestial en Cristo Jesús" (v. 14).

Pablo nos desafió a todos diciendo: "Así que, ¡escuchen los perfectos [maduros]! Todos debemos tener este modo de pensar" (v. 15). Pablo reveló que la señal de la madurez espiritual es desear alcanzar el nivel espiritual en el cual entramos en una comunión e intimidad profunda con Cristo. Dios es amor y el amor requiere satisfacción a través de la comunión y el compañerismo. Por lo tanto, la propia naturaleza de Dios requiere aquello que nos ha dado el privilegio de poder ofrecerle: la comunión.

¿Y qué buscamos?

Debemos buscar al Señor, porque en él se halla encerrado todo bien precioso: "En quien están escondidos todos los tesoros de la sabiduría y del conocimiento" (Colosenses 2:3). En el versículo 2 vemos que ser alentados y unidos en amor es la clave para desenterrar ese tesoro: "Quiero que lo sepan para que cobren ánimo, permanezcan unidos por amor, y tengan toda la riqueza que proviene de la convicción y del entendimiento.

Así conocerán el misterio de Dios, es decir, a Cristo". La imagen que tengo (Dr. Cho) cuando leo las palabras de Pablo en Colosenses 2 es que la iglesia es como el campo del tesoro que Jesús mencionó en una de sus parábolas (Mateo 13:44). En ese campo (la iglesia) hay un gran tesoro. Sin embargo, no es un tesoro material; es sabiduría y conocimiento espiritual.

Cuando los jóvenes cristianos oran, usualmente se acercan al trono de Dios en momentos de necesidad. A menudo acuden a Dios queriendo algo. Eso es bueno e importante. Dios quiere que le pidamos. Sin embargo, muchos ven a Cristo simplemente como una tienda de comestibles o una cuenta de Amazon a la que pueden llevar su lista de compras y recibir todos los artículos que desean. Sin embargo, todos los grandes misterios —los tesoros de la comprensión, la fuente de la alegría total y completa, la esencia del amor— están esperando como tesoros escondidos en Cristo. Los sabios venderán todo lo que posean y comprarán el campo para poder obtener el tesoro.

Moisés dijo: "Lo secreto pertenece al Señor nuestro Dios, pero lo revelado nos pertenece a nosotros y a nuestros hijos para siempre, para que obedezcamos todas las palabras de esta ley" (Deuteronomio 29:29). Hay cosas que todos pueden ver en las Escrituras; pero Dios quiere llevarnos a una comunión tan cercana con él que pueda compartir sus tesoros más íntimos: la sabiduría y la comprensión. Ese tesoro no sería tal cosa si se pudiera conseguir fácilmente. Por lo tanto, el tesoro espiritual de Dios debe buscarse en oración.

Aprendí, hace muchos años, que se necesita esfuerzo para obtener los tesoros que Dios desea darme:

A los que me aman, les correspondo; a los que me buscan, me doy a conocer. Conmigo están las riquezas y la honra, los bienes duraderos y la justicia. Mi fruto es mejor que el oro fino; mi cosecha sobrepasa a la plata refinada (Proverbios 8:17-19).

El cristiano perezoso no está dispuesto a buscar. Él nunca entra en la plenitud de la bendición que Dios ha deseado que alcance. Vivir en el umbral del Señor requiere disciplina y esfuerzo. Recuerda, he sido pastor de la iglesia más grande del mundo con cientos de miles de miembros. Mi vida ha sido extremadamente ocupada. Incluso en la etapa más avanzada de mi existencia, sigo muy ocupado.

¿Por qué viene tanta gente a esta iglesia? ¿Acaso será por el sistema de células y los cientos de otros ministerios que brinda? Aunque el sistema de células ha sido el medio más efectivo a través del cual la mayoría de nuestros miembros han llegado a Cristo, esa no es la razón principal por la que miles esperan los múltiples servicios dominicales para conseguir un asiento en el culto. Vienen para ser nutridos con la carne de la Palabra de Dios. ¿De dónde recibo mis mensajes? Los recibo de mi Señor en la oración y en la comunión íntima, así como también en el compañerismo. Esto es imperativo para todos los cristianos sabios.

Atiendan a mi instrucción y sean sabios; no la descuiden. Dichosos los que me escuchan y a mis puertas están atentos cada día, esperando a la entrada de mi casa. En verdad, quien me encuentra halla la vida y recibe el favor del Señor (Proverbios 8:33-35).

Si no tienes una vida cristiana emocionante, es que no has aprendido a buscar al Señor. Si tu estudio de la Palabra de Dios no resulta en una comprensión renovada de la realidad espiritual, quizás no hayas entrado nunca en esa segunda fase de la oración: ¡Busca y hallarás!

En realidad, sin fe es imposible agradar a Dios, ya que cualquiera que se acerca a Dios tiene que creer que él existe y que *recompensa a quienes lo buscan*.
—Hebreos 11:6

CAPÍTULO 8

Orar es interceder

"Así nosotros nos dedicaremos de lleno a la oración y al ministerio de la palabra".
—Hechos 6:4

La oración, en todos los aspectos, toma un nuevo marco de referencia cuando entendemos la guerra entre el reino de Dios y las oscuras huestes de Satanás. Esa batalla, en la medida en que involucra a la tierra, es una a la que Dios nos ha llamado a participar, reclutándonos como "soldados de rodillas", cuyo llamado de oración por la "venida" del reino de Dios dará la bienvenida a un bombardeo del poder divino que ha de romper la oscuridad y llevar liberación a las personas que conocemos.
—Jack Hayford

Aunque orar significa pedir a Dios y buscarlo en comunión y compañerismo profundo, también es interceder delante de él en el Espíritu Santo. De manera que la oración de intercesión es el tercer nivel en el cual compartimos la carga de Cristo por una persona, circunstancia o necesidad en cualquier parte del mundo. La intercesión representa ese tercer nivel de oración en el que podemos llegar a ser participantes de los sufrimientos de Cristo.

Cuando oro (Dr. Cho) en el Espíritu Santo, lo hago consciente de que algunas de mis oraciones son por personas y circunstancias de otras partes del mundo. Tal vez yo no conozca la necesidad precisa, pero el Espíritu sí la conoce; y él me utiliza para orar hasta que estoy convencido de que Dios ha satisfecho dicha necesidad.

Cierto amigo misionero me contó una historia milagrosa que muestra la importancia de la intercesión. Un equipo misionero se encontraba en cierta ocasión en un desierto por África. Una tormenta de viento los había obligado a salir de la ruta planeada, perturbando así su viaje. Dos días después habían agotado su reserva de agua y vagaban desvalidos por el desierto sufriendo de deshidratación. De repente, apareció una charca de agua y se salvaron. Más tarde, al volver al lugar de su liberación, vieron que no había allí ninguna charca. En el momento de su mayor necesidad, alguien había estado intercediendo por ellos y Dios había realizado un milagro.

Muchas personas han intercedido por nuestro ministerio en Seúl. Al principio de mi ministerio, una señora me contó su experiencia de intercesión por nuestra iglesia. Después de fundar la primera congregación fuera de Seúl, inicié otra en el centro de la capital de nuestra nación. Veinte años antes de que comenzara la iglesia en Seúl, esa mujer tuvo tres visiones con la iglesia. Después de cada visión, ella intercedía por nosotros en el Espíritu Santo. Cuando estaba orando en 1944, todavía estábamos bajo la ocupación japonesa y ni se pensaba en algo como nuestra iglesia. Sin embargo, el Espíritu Santo sabía que esta iglesia, llamada Iglesia Sudaemoon debido al área en la que estaba ubicada, se convertiría en la Iglesia del Evangelio Completo de Yoido.

Dios utilizó a aquella fiel mujer intercesora para que el Espíritu Santo descendiera sobre la zona años antes de cumplirse la visión. Al igual que la simiente produce vida en el plano humano de la existencia, también el Espíritu Santo lleva en sí toda la dinámica de la vida cuando se posa sobre un lugar determinado.

Este punto es tan importante que debo explicarlo con más detalle. En la concepción de un niño, el óvulo de la mujer y el esperma del hombre poseen un código (genético) muy complejo, que es en realidad el programa a desarrollar en el futuro. Así como el Espíritu Santo trae vida, muchas de las dinámicas de la vida son determinadas por la voluntad de Dios implementada por el Espíritu Santo.

En 1944, nadie en el centro de Seúl se imaginaba que —con el tiempo— Dios establecería allí un instrumento mediante el cual toda la nación de Corea se vería tocada por el evangelio. Sin embargo, él levantó a una fiel guerrera de oración que intercedería en el Espíritu Santo veinte años antes de que el resultado de esa intercesión se hiciera evidente.

La mujer vio realmente que se trataría de la iglesia más grande del mundo. Fue un caso como el de Simeón y Ana, que sabían que el niño de solo ocho días que tenían delante habría de ser el Mesías de Israel.

Ahora bien, en Jerusalén había un hombre llamado Simeón, que era justo y devoto, y aguardaba con esperanza la consolación[a] de Israel. El Espíritu Santo estaba con él y le había revelado que no moriría sin antes ver al Cristo del Señor. Movido por el Espíritu, fue al Templo. Cuando al niño Jesús lo llevaron sus padres para cumplir con la costumbre establecida por la Ley, Simeón lo tomó en sus brazos y bendijo a Dios: "Según tu palabra, Soberano Señor, ya puedes despedir a tu siervo en paz. Porque han visto mis ojos tu salvación, que has preparado a la vista de todos los pueblos: luz que ilumina a las naciones y gloria de tu pueblo Israel". El padre y la madre del niño se quedaron maravillados por lo que se decía de él. Simeón les dio su bendición y dijo a María, la madre de Jesús: "Este niño está destinado a causar la caída y el levantamiento de muchos en Israel, y a crear mucha oposición, a fin de que se manifiesten las intenciones de muchos corazones. En cuanto a ti, una espada te atravesará el alma". Había también una profetisa, Ana, hija de Penuel, de la tribu de Aser. Era muy anciana; casada de joven había vivido con su esposo siete años y luego permaneció viuda hasta la edad de ochenta y cuatro. Nunca salía del Templo, sino que día y noche adoraba a Dios con ayunos y oraciones. Llegando en ese mismo momento, Ana dio gracias a Dios y comenzó a hablar del niño a todos los que esperaban la redención de Jerusalén. Después de haber cumplido con todo lo que exigía la Ley del Señor, José y María regresaron a Galilea, a su propio pueblo de Nazaret (Lucas 2:25-39).

¿Cuáles son las cualidades de un intercesor?

Simeón es un ejemplo perfecto de las cualidades que debe poseer un intercesor:

- *¡Era piadoso!* El que se dedica al ministerio de intercesión debe ser una persona entregada a la oración.
- *¡Era paciente!* La Escritura dice que Simeón esperaba la consolación de Israel (v. 25). Mientras la mayoría de la gente buscaba una solución política, Simeón sabía que la solución para el pueblo judío había de ser espiritual. Por lo tanto, pudo esperar muchos años antes de ver el resultado de sus oraciones.
- *¡Estaba lleno del Espíritu Santo!* Solo aquellos sobre los cuales reposa el Espíritu de Dios pueden llevar el peso de la intercesión.
- *¡Confiaba!* A Simeón le había sido revelado que vería la respuesta a sus oraciones antes de morir; por lo tanto, acudía fielmente al templo a diario durante muchos años, hasta que llegó el día en que llevaron allí a Cristo.
- *¡Era un hombre de visión!* La profecía de Simeón acerca de Cristo fue más acerca de este que de su madre natural y su padrastro.

Así que antes del nacimiento de Cristo, el Espíritu Santo había levantado a dos fieles intercesores, los que pasaron muchos años ayunando y orando por la venida del Mesías, y a quienes Dios hizo vivir lo suficiente como para ver el resultado de sus oraciones. Por eso, su ministerio de intercesión ha quedado registrado para siempre en las Escrituras.

La intercesión es necesaria para el cumplimiento de la voluntad divina. Eso no quiere decir que Dios sea incapaz de realizar su voluntad, sino que ha decidido incluirnos en la materialización de esa voluntad. Por lo tanto, los que participan en un ministerio de intercesión se convierten, en realidad, en parte integrante del cumplimiento de los planes y propósitos de Dios.

Dios te lleva a lugares, entre personas y a ciertas condiciones para lograr un propósito definido a través de la intercesión del Espíritu en ti. Tu parte en la oración intercesora no es agonizar en cuanto a cómo interceder, sino usar las circunstancias cotidianas y las personas que Dios pone a tu alrededor por su providencia para llevarlas ante su trono y permitirle al Espíritu en ti la oportunidad de interceder por ellas. De esta manera Dios va a tocar al mundo entero con sus santos.[18]

¿Por qué es necesaria la intercesión?

Antes de poder comprender la necesidad de la intercesión, como seguidores de Cristo, debemos de entender nuestro propósito en esta tierra. Jesús dijo: "Ustedes son la sal de la tierra" (ver Mateo 5:13.) La sal da sabor a aquellas cosas con las cuales entra en contacto. Job dijo: "¿Puede comerse sin sal la comida desabrida?" (Job 6:6).

La iglesia (el cuerpo de Cristo) debe actuar como sal en este mundo. Es nuestra presencia sobre la tierra pecaminosa en que vivimos lo que impide que Dios la destruya, como hizo con Sodoma y Gomorra. El Señor nos delega la responsabilidad de detener el juicio final dando tiempo al hombre para que acepte o rechace a Jesucristo como Salvador.

De igual forma, somos embajadores de Cristo. Pablo escribió: "Así que somos embajadores de Cristo, como si Dios los exhortara a ustedes por medio de nosotros: 'En nombre de Cristo les rogamos que se reconcilien con Dios'" (2 Corintios 5:20). Por lo tanto, hemos sido enviados en calidad oficial por nuestro gobierno natural (el reino de Dios) para representar sus intereses en suelo extranjero. La práctica normal de dos gobiernos en guerra es primeramente retirar sus embajadores. De modo que el hecho de que aún nos encontremos en esta tierra indica que Dios todavía tiene paciencia con el pecado del mundo y que aún hay tiempo para predicar el evangelio.

La sal refrena asimismo el proceso de descomposición o lo que mejor conocemos como "corrupción". Antes de que existieran aparatos frigoríficos, los viajeros tenían que cubrir su provisión de carne con sal para asegurarse de que no se echara a perder. El espíritu del anticristo ha estado activo desde el primer siglo. Juan escribió: "Todo espíritu que no confiesa a Jesús no es de Dios, sino del anticristo. Ustedes han oído que este viene y, efectivamente, ya está en el mundo. Ustedes, queridos hijos, son de Dios y han vencido a esos falsos profetas, porque el que está en ustedes es más poderoso que el que está en el mundo" (1 Juan 4:3, 4).

Ese espíritu del anticristo, que es el espíritu de iniquidad, ha estado operando en el orbe cada vez con mayor influencia; y, por último, generará al propio anticristo. El Espíritu Santo, por medio de la Iglesia, detiene esas fuerzas contrarias a Dios, hasta que la fortaleza del bien que representan los creyentes sea quitada de en medio.

A medida que vamos madurando como creyentes, comprendemos que ser cristiano no solo implica privilegios, sino también responsabilidades. Puesto que constituimos la principal barrera contra la influencia de Satanás en este mundo, hemos de darnos cuenta de la importancia que tiene la intercesión por medio de la oración.

Si no captamos la visión de nuestro papel como sal de esta tierra, y permitimos perezosamente que el mal consiga controlar las circunstancias naturales que prevalecen en nuestros países, esa sal habrá perdido su sabor y, por ende, su influencia. Jesús dijo que "ya no sirve para nada, sino para que la gente la deseche y la pisotee" (Mateo 5:13).

Hemos sido llamados por Dios a ser un reino de sacerdotes. Como sacerdocio real se nos ha otorgado autoridad. La labor del sacerdote en el Antiguo Testamento era interceder por su pueblo delante del propiciatorio. Así también nosotros, con nuestra intercesión, representamos el papel de sacerdotes neo-testamentarios que se ponen en la brecha por las necesidades del pueblo de Dios.

Dios ha determinado que sus hijos compartan el gobierno con Jesucristo. Él no rige sobre nosotros sin darnos ninguna responsabilidad; sino que ha delegado su autoridad para que le ayudemos en el dominio de la tierra: "Dios sometió todas las cosas al dominio de Cristo y lo dio como cabeza de todo a la iglesia. Esta, que es su cuerpo, es la plenitud de aquel que lo llena todo por completo … Y en unión con Cristo Jesús, Dios nos resucitó y nos hizo sentar con él en las regiones celestiales" (Efesios 1:22, 23; 2:6).

En el ejercicio de nuestra autoridad espiritual, recibimos nuestro conocimiento y nuestra sabiduría naturales avivados por el Espíritu Santo, así como el conocimiento espiritual que sobrepasa en mucho al nuestro. Este conocimiento nos lo da el Espíritu:

Más bien, exponemos el misterio de la sabiduría de Dios, una sabiduría que ha estado escondida y que Dios había destinado para nuestra gloria desde la eternidad. Ninguno de los gobernantes de este mundo la entendió, porque de haberla entendido no habrían crucificado al Señor de la gloria. Sin embargo, como está escrito:

"Ningún ojo ha visto,
    ningún oído ha escuchado,
ningún corazón ha concebido
    lo que Dios ha preparado para quienes lo aman".

Ahora bien, Dios nos ha revelado esto por medio de su Espíritu, pues el Espíritu lo examina todo, hasta las profundidades de Dios (1 Corintios 2:7-10).

El pasaje del Antiguo Testamento que más se cita en el Nuevo, es el Salmo 110. Para comprender mejor cómo podemos usar nuestra autoridad en la intercesión, resulta muy importante que estudiemos este salmo con sumo cuidado y que entendamos lo que nos dice a través de este:

Así dijo el Señor a mi Señor:

"Siéntate a mi derecha,
    hasta que ponga a tus enemigos
    por debajo de tus pies".
El Señor extenderá desde Sión el poder de tu cetro.
    Domina tú en medio de tus enemigos.
Tus tropas estarán dispuestas
    cuando manifiestes tu poder,
    ordenadas en santa majestad.
De las entrañas de la aurora
    recibirás el rocío de tu juventud.
El Señor ha jurado
    y no cambiará de parecer:
"Tú eres sacerdote para siempre,
    según el orden de Melquisedec".

El Señor está a tu mano derecha;
    aplastará a los reyes en el día de su ira.
Juzgará a las naciones y amontonará cadáveres;

aplastará cabezas en toda la tierra.
Beberá de un arroyo junto al camino
y por eso levantará su cabeza.

En este importante salmo, se personifica a Cristo como supremo gobernante de la tierra y sumo sacerdote según el orden espiritual de Melquisedec. La Carta a los Hebreos amplía el papel que se representa de Jesús como sacerdote espiritual, cuando dice: "[Cristo] vive siempre para interceder por ellos" (Hebreos 7:25).

El dominio de Cristo es único, porque lo ejerce en medio de sus enemigos. David, como rey en medio de sus enemigos, tenía un trono físico. Así Jesucristo, sin contar con la clara posesión de los tronos materiales de la tierra, lo domina todo por completo.

La vara, que en la Biblia es símbolo de autoridad, sale de Sion: el nombre que se da al pueblo de Dios. Por lo tanto, la forma en que el mundo experimenta el dominio de Cristo en este tiempo presente es a través del ejercicio por parte de la Iglesia de la autoridad que posee; particularmente en la intercesión.

Ahora que tenemos conocimiento de nuestro lugar espiritual en esta tierra como sal, sacerdotes reales y copartícipes con Cristo en su trono, podemos comprender cómo obra y por qué es necesaria la intercesión.

Satanás se opone a la voluntad de Dios, no solo en lo referente a la iglesia, sino al mundo entero. Habiendo recibido autoridad sobre esta edad (por lo que se le llama "el dios de este siglo"), todo su poder se dirige contra el pueblo de Dios que, como hemos observado, está llamado a ejercer la autoridad de Cristo.

Consciente de que la iglesia es el principal obstáculo para la realización de sus propósitos en la tierra, Satanás ha salido para devorarla como león rugiente (1 Pedro 5:8). A pesar de ello, el evangelio de Cristo debe ser predicado y las naciones traídas al conocimiento de Dios. Se trata de un conflicto de intereses. Y, como hemos aprendido de la historia, las guerras surgen a causa de los intereses contrarios entre las naciones.

Al interceder, el cristiano desempeña la función sacerdotal de proporcionar una base terrenal para los intereses celestiales de Dios. Esta era se ha convertido en el campo de batalla para las dos fuerzas opuestas; pero el Señor cuenta con un grupo en el suelo extranjero capaz de ejercer en este siglo la influencia de la era por venir. Por lo tanto, el presente mundo natural puede colocarse bajo el control evidente del reino de Dios.

Mientras Israel hacía la guerra contra sus enemigos, Moisés levantaba las manos; pero cuando dejaba que estas decayeran, el pueblo de Dios sufría por ello. He aquí un símbolo claro de cómo opera la intercesión.

¿Cuál es el costo de la intercesión?

La verdadera intercesión implica presentar a la persona o circunstancia que parece estar colapsando y que es una carga para ti ante Dios, hasta que seas cambiado por la actitud divina hacia esa persona o circunstancia.

—Oswald Chambers

Para comprender cuál es el costo de la intercesión, hemos de entender primero el sufrimiento presente de Cristo. Cuando Saulo iba camino a Damasco para ubicar, arrestar y perseguir a los seguidores de Cristo, Jesús se le reveló:

En el viaje sucedió que, al acercarse a Damasco, una luz del cielo relampagueó de repente a su alrededor. Él cayó al suelo y oyó una voz que le decía:

—Saulo, Saulo, ¿por qué me persigues?
—¿Quién eres, Señor? —preguntó.
—Yo soy Jesús, a quien tú persigues —contestó la voz (Hechos 9:3-5).

Saulo, que después sería conocido como el apóstol Pablo, jamás pensó que estuviera persiguiendo al Señor Jesucristo; solo hostigaba a la iglesia. Sin embargo, el Señor no le preguntó por qué perseguía a su pueblo; sino por qué lo acosaba a *él*.

Somos el cuerpo de Cristo; y lo que sentimos como miembros suyos, él también lo siente como cabeza que es. El daño y el sufrimiento nunca se sienten en la superficie de la herida; el verdadero dolor se palpa en el cerebro, que está situado en la cabeza. El cerebro puede proyectar ese dolor a la parte del organismo que sufre el daño, a fin de que este haga los ajustes pertinentes. Eso mismo sucede con el cuerpo de Cristo: lo que nosotros sentimos, él lo siente igualmente; y si sufrimos, él también sufre, aunque —como cabeza— su sufrimiento es más intenso.

Es cierto que los más cercanos a nosotros son los que más nos pueden herir; y, por desdicha, algunos cristianos vuelven al mundo después de rechazar a nuestro precioso Salvador que murió por ellos. El libro de Hebreos nos enseña:

> Porque es imposible que aquellos que han sido una vez iluminados, que han saboreado el don celestial, que han tenido parte en el Espíritu Santo, que han experimentado la buena palabra de Dios y los poderes del mundo venidero, pero después de todo esto se han apartado, renueven su arrepentimiento. Pues así, para su propio mal, vuelven a crucificar al Hijo de Dios y lo exponen a la vergüenza pública (Hebreos 6:4-6).

Cristo vuelve a sufrir el dolor que experimentó en la cruz cada vez que un creyente vuelve al mundo.

A través de la oración intercesora, los cristianos comparten el sufrimiento de Cristo por una necesidad particular del cuerpo eclesial. Una vez, en África, cierto ministro estaba predicando a una gran multitud. Luego, mientras dormía en la noche se despertó llorando. Al ponerse a orar, oyó que repetía una y otra vez un nombre extraño, pero al continuar en oración sintió un dolor intenso. Después de varias horas desapareció la carga y cesó la intercesión. Al día siguiente los periódicos publicaban una extraña noticia: durante la noche, una aldea cristiana había sido asesinada en masa. El nombre del pueblo era el mismo por el cual el ministro había estado llorando la noche anterior. Cristo sufría el dolor de los suyos; pero pudo encontrar a alguien dispuesto a compartir su sufrimiento e interceder en el Espíritu.

Pablo dijo: "Lo he perdido todo a fin de conocer a Cristo, experimentar el poder que se manifestó en su resurrección, participar en sus sufrimientos y llegar a ser semejante a él en su muerte" (Filipenses 3:10). En este pasaje, el apóstol indicaba que no solo estaba dispuesto a disfrutar del poder de la resurrección de Jesús, sino a tener comunión con él en sus sufrimientos.

En la Iglesia del Evangelio Completo de Yoido nos hemos comprometido a desarrollar un ministerio de intercesión. Hemos aprendido a pedir en oración; de modo que vemos suplidas nuestras necesidades. También estamos entregados a la oración devocional; así que disfrutamos de comunión con nuestro precioso Señor. Pero, más que nunca, nos dedicamos a interceder; por lo cual estamos viendo un avivamiento en nuestro país, el cual veremos en todo el mundo.

En nuestra iglesia, miles de personas ayunan y oran constantemente. Consideramos seriamente la batalla que Dios nos ha ordenado librar. Nos tomamos en serio las armas espirituales que asegurarán nuestra victoria. Somos conscientes de que el campo de batalla es el corazón de los hombres en todo el mundo. Y estamos convencidos de la victoria final que podemos compartir con el Rey de la gloria

¿Cómo nos incorporamos a la intercesión?

Además de su uso común como entrada a una casa o edificio, a menudo nos referimos metafóricamente a una puerta como la entrada a cualquier experiencia espiritual o a una oportunidad.

Pablo escribió: "Ahora bien, cuando llegué a Troas para predicar el evangelio de Cristo, descubrí que el Señor me había abierto una puerta" (2 Corintios 2:12). En la revelación de Cristo a Juan, él escribió a la iglesia en Filadelfia: "Conozco tus obras. Mira que delante de ti he dejado abierta una puerta que nadie puede cerrar" (Apocalipsis 3:8).

La puerta no solo es un lugar u oportunidad para predicar el evangelio de Jesucristo a una comunidad; también es una oportunidad para un individuo, como lo confirma el Señor: "Mira que estoy a la puerta y llamo. Si alguno oye mi voz y abre la puerta, entraré, cenaré con él y él conmigo" (Apocalipsis 3:20).

Hay puertas que dan a naciones y grupos étnicos, las cuales es posible abrir. Cuando una de esas puertas se abre, dichas naciones o grupos étnicos pueden recibir la fe y creer. Lucas escribe: "Cuando llegaron, reunieron a la iglesia e informaron de todo lo que Dios había hecho por medio de ellos y de cómo había abierto la puerta de la fe a los no judíos" (Hechos 14:27).

Entrar por una puerta de oportunidad significa enfrentarse a la oposición espiritual de los principados y potestades que impiden que las naciones escuchen el evangelio y respondan a él. Pablo escribió: "Porque se me ha abierto una gran puerta para un trabajo eficaz, a pesar de que hay muchos en mi contra" (1 Corintios 16:9).

¿Cómo podemos abrir las puertas de la fe y de la oportunidad? Ya hemos visto que es el Señor el que debe abrir la puerta. Sin embargo, Dios nos ha hecho miembros de su cuerpo. Eso significa que la Cabeza ha optado por funcionar a través de los miembros que tiene en la tierra. De modo que necesitamos la intercesión para oponernos a las fuerzas espirituales que mantienen cerradas las puertas. Una vez que las oraciones despejan el camino, Cristo puede abrir la puerta y salvar a toda una ciudad, nación o raza. Pablo confirma esto: "Al mismo tiempo, intercedan por nosotros a fin de que Dios nos abra la puerta para proclamar la palabra, el misterio de Cristo por el cual estoy preso. Oren para que yo lo anuncie con claridad, como debo hacerlo" (Colosenses 4:3-4).

A través de nuestras oraciones intercesoras, Cristo desea abrir no solo puertas de oportunidad para que podamos comunicar mejor el evangelio, sino también puertas de revelación y de entendimiento. Jesús repitió continuamente la frase: "¡El que tenga oídos, que oiga!". Esta declaración que fue escrita a las siete iglesias en Apocalipsis 2 y 3 significa que a menudo no entendemos lo que estamos escuchando. Las puertas de la comprensión deben abrirse para que nuestras mentes puedan entender lo que Dios desea revelarnos. Esto es lo que experimentó Juan: "Después de esto miré y allí en el cielo había una puerta abierta. Y la voz que me había hablado antes con sonido como de trompeta me dijo: 'Sube acá: voy a mostrarte lo que tiene que suceder después de esto'. Al instante vino sobre mí el Espíritu y vi un trono en el cielo y a alguien sentado en el trono" (Apocalipsis 4:1-2).

En Hechos 28, vemos cómo Dios puede abrir una puerta de oportunidad y mantenerla abierta para que podamos comunicar el evangelio sin obstáculos espirituales. Pablo había sido *arrestado* y llevado a Roma, una ciudad que en ese momento era el centro del pecado. Pablo oró y pidió a otros que intercedieran por él. Finalmente, la puerta para enseñar y predicar se abrió: "Durante dos años completos permaneció Pablo en la casa que tenía alquilada y recibía a todos los que iban a verlo. Predicaba el reino de Dios y enseñaba acerca del Señor Jesucristo sin impedimento y sin temor alguno" (vv. 30-31).

El Libro de los Hechos narra aproximadamente treinta años de la historia de la iglesia primitiva, y es significativo que el relato de Lucas termine con una puerta abierta. Desde entonces, el evangelio de Jesucristo ha impactado al mundo. No hay duda de que la verdad de Jesucristo avanza rápidamente. ¿Por qué? Porque nuestro Creador desea que cada persona escuche acerca de Jesucristo y se decida a ser seguidor de Jesús. Por eso nos dice: "Vayan y hagan discípulos de todas las naciones, bautizándolos en el nombre del Padre y del Hijo y del Espíritu Santo, enseñándoles a obedecer todo lo que les he mandado a ustedes. Y les aseguro que estaré con ustedes siempre, hasta el fin del mundo" (Mateo 28:19-20).

¿Cuál es el fin del mundo? Cuando este evangelio haya sido comunicado a todas las tribus y naciones, Jesucristo volverá.

Muchos se preguntan por qué Jesús no ha vuelto para llevarse a la iglesia (el cuerpo de Cristo) de este mundo. Prometió que lo haría. La respuesta simple es que la tarea no está terminada. Las puertas abiertas están ahí. Debemos atravesarlas y llevar las maravillosas noticias acerca de Jesús a las personas que no han escuchado. La Biblia nos dice: "El Señor no tarda en cumplir su promesa, según entienden algunos la tardanza. Más bien, él tiene paciencia con ustedes, porque no quiere que nadie perezca, sino que todos se arrepientan" (2 Pedro 3:9).

Aunque entendemos que Pablo fue finalmente ejecutado, la historia oficial de la iglesia primitiva termina con una nota positiva. Ningún hombre puede prohibir la predicación del evangelio una vez que Dios abre la puerta de oportunidad espiritual.

Dios incluso puede bloquear la oposición que proviene de nuestros propios hermanos y hermanas en Cristo. Es un hecho lamentable que mucha de nuestra energía se desperdicie debido a la falta de unidad en la iglesia. En vez de luchar contra nuestro verdadero enemigo, el diablo, muchas personas de Dios luchan entre sí. Sin embargo, una puerta espiritual abierta también puede bloquear la oposición que viene desde dentro. Pablo también experimentó esto: "Nosotros no hemos recibido ninguna carta de Judea que tenga que ver contigo —contestaron ellos—, ni ha llegado ninguno de los hermanos de allá con malos informes o que haya hablado mal de ti" (Hechos 28:21).

> *La oración intercesora es el baño purificador en el cual tanto el individuo como la comunidad deben entrar todos los días.*
> *—Dietrick Bonhoeffer*

Es obvio que lo que se necesita en todo el mundo es que los cristianos comprendan y entren en el tercer nivel de la oración: la intercesión.

No podemos ser demasiado distintos al dividir los tres tipos de oración. Uno puede pedir, comunicarse e interceder en el mismo lapso de oración. Lo difícil es interceder sin comunión con Cristo. Nuestras peticiones serán más efectivas a través de la comunión. Nuestra intercesión incluye peticiones, fraternidad y comunión. Sin embargo, al comprender los tres tipos de oración, podemos orar de manera más efectiva.

Como nuevos cristianos, abordamos la oración como el medio por el cual podemos recibir de Dios. Con el tiempo, comenzamos a madurar y deseamos más. La novedad de nuestra experiencia ya no es tan fuerte, por lo que podemos pensar que estamos retrocediendo. Lo que realmente sucede es que estamos siendo destetados espiritualmente de la nutrición adecuada para los bebés y estamos siendo preparados para la comida de adultos (Hebreos 5:12-13). Entonces, debemos entrar en comunión y compañerismo espiritual con Cristo, a través de la obra del Espíritu Santo.

Una vez que hemos iniciado nuestra relación personal con Cristo, comenzamos a sentir lo que él siente. Ya no podemos permitir que las cosas continúen como están, y nos enrolamos como voluntarios en el ejército de la oración. David profetizó: "Cuando vayas a la guerra, tu pueblo te servirá por voluntad propia" (Salmos 110:3 NTV).

¿Por qué estamos experimentando un avivamiento constante en Corea? Porque nos hemos ofrecido como voluntarios para orar hasta que el evangelio se predique en todo el mundo. ¡Las puertas se abrirán mientras las fuerzas espirituales son atadas en el nombre de Jesús!

> "No ruego solo por estos. Ruego también por los
> que han de creer en mí por el mensaje de ellos".
> —Juan 17:20

CAPÍTULO 9

Orar trae esperanza

Alégrense en la esperanza, muestren paciencia en el sufrimiento, perseveren en la oración
—Romanos 12:12

La esperanza gozosa es lo que nos permite forjar una paciencia perseverante. Sin la expectativa y el gozo que nos llega desde la esperanza, no podríamos soportar las tribulaciones que enfrentaremos.[19]
—John Piper

Mediante nuestras oraciones petitorias, nuestra devoción y nuestra intercesión, podemos mejorar en gran medida nuestra capacidad para percibir la pronta venida de nuestro Señor Jesucristo. El Espíritu Santo que habita en el seguidor de Cristo nos recordará las instrucciones que Jesús les dio a sus primeros discípulos, además de que forjará un anhelo y una sensibilidad por su regreso.

Los acontecimientos mundiales de nuestro tiempo ciertamente deberían recordarnos las instrucciones que Jesucristo extendió a sus discípulos con respecto a los últimos días. Aun cuando estudiamos las Escrituras y observamos tanto la confusión como las tensiones que padecen las naciones, oramos: *¡Ven pronto, Señor Jesús!*

Vivimos en un tiempo muy complicado y confuso. Los que no siguen a Cristo están confundidos. Creemos que nos acercamos rápidamente al tiempo del regreso de nuestro Señor Jesús. Él volverá y la iglesia (los seguidores de Jesucristo) experimentará el extraordinario suceso del arrebatamiento.

Así que debemos *orar fervientemente*. Debemos escuchar al Espíritu Santo y esforzarnos por alcanzar a tantas personas como sea posible lo más pronto que podamos. Ahora es el momento de pedirle a nuestro Padre energías, discernimiento, valentía, señales y maravillas. ¡Qué maravilloso tiempo el que vivimos!

La gente, a menudo, pregunta: *¿Cuándo regresará Jesucristo? ¿Cuándo ocurrirá el rapto?*

Aunque hay diversos puntos de vista teológicos y muchos han intentado fijar fechas, nadie, excepto nuestro Padre celestial, sabe el momento exacto. Sentimos la cercanía de su venida y anticipamos ese día. Aunque no conocemos el momento de su regreso, hay algo de lo que podemos estar seguros: ¡Jesús no vendrá hasta que el evangelio del reino sea predicado en todo el mundo!

Los discípulos de Jesús preguntaron: "¿Cuándo sucederá eso y cuál será la señal de tu venida y del fin del mundo? … Y este evangelio del reino se predicará en todo el mundo como testimonio a todas las naciones; entonces vendrá el fin" (Mateo 24:3, 14).

En la actualidad, el evangelio se está propagando de maneras notables. La tecnología, los medios de comunicación, las redes sociales, las iglesias, el testimonio personal, los esfuerzos evangelísticos y los líderes bien enfocados están llevando la esperanza bendita a un mundo necesitado. El Espíritu Santo ciertamente nos ayudará y nos ungirá mientras nos esforcemos por culminar la tarea. Durante más de sesenta años (el Dr. Cho), la pasión por difundir la verdad de Jesús en mi país y llevar este mensaje a otras naciones —a las que he tenido el privilegio de servir— ha aumentado constantemente.

Espera con ansias la venida de Cristo

El apóstol Pablo le dijo a Tito: "Aguardamos la *bendita esperanza*, es decir, la gloriosa venida de nuestro gran Dios y Salvador Jesucristo" (Tito 2:13). La esperanza bendita es un día que los seguidores de Jesús deben anhelar. Pedro nos dice la manera en que el creyente puede vivir con un propósito gozoso (2 Pedro 3:10-18). El Día del Señor no debería ser temeroso para los seguidores de Jesús. Nuestro Rey regresará para corregir todas las cosas y gobernar para siempre. Esperamos ese momento con gran anhelo.

La mayoría de los cristianos creen que Jesucristo regresará, pero parece que en muchas iglesias este tema se aborda rara vez. Podemos poner a prueba la autenticidad de nuestra fe en base a nuestra anhelo por su venida. Todos los autores del Nuevo Testamento escriben acerca de este acontecimiento glorioso. Más de sesenta veces, en veinte libros, el Espíritu Santo los guía a hablar de este tiempo. Daniel y otros profetas del Antiguo Testamento también escriben acerca de esta esperanza:

> En esa visión nocturna, vi que alguien con el aspecto de un hijo de hombre venía entre las nubes del cielo. Se acercó al Anciano de días, fue llevado a su presencia y se le dio autoridad, poder y reino. Todos los pueblos, naciones y lenguas lo adoraron. Su dominio es eterno y no pasará; su reino jamás será destruido (Daniel 7:13-14)

¿Acaso pensamos, a menudo, en lo cierto de la aparición de Cristo? ¿Anticipamos y deseamos, en nuestros corazones, que ese momento llegue? *Maranatha* ('El Señor viene' o 'Ven, Señor Jesús') era la alabanza y la oración frecuentes en la iglesia primitiva.

Permíteme (Dr. Cho) recordarte una verdad que nuestro Señor Jesús destacó. El evangelio se comunicará al mundo, a pesar de las afirmaciones de otras religiones. Jesús nos lo dijo hace mucho tiempo:

"Surgirá un gran número de falsos profetas que engañarán a muchos ... Porque surgirán falsos Cristos y falsos profetas que harán grandes señales y milagros para engañar, de ser posible, aun a los elegidos. Fíjense que se lo he dicho a ustedes de antemano" (Mateo 24:11, 24-25).

Hay religiones falsas, profetas impostores y personas que afirman venir en nombre de Dios. Las sectas y las extrañas doctrinas falsas están aumentando en todo el mundo. El enemigo está engañando al mundo en cuanto al significado del matrimonio, así como respecto a nuestra identidad como hombres y mujeres, incitando comportamientos que van en contra de la naturaleza. Él odia que los seres humanos hayan sido creados a imagen de Dios. Ataca a los hijos de Dios (Juan 1:12). Satanás desea confundir el evangelio puro y la verdad. Odia el hecho de que más personas acudan a Cristo, y hará todo lo que pueda para impedirnos llevar la verdad de Jesucristo a nuestro mundo necesitado.

La Escritura nos advierte acerca de las personas que vendrán a las iglesias —o incluso, de las que vendrán de las iglesias—, con mensajes falsos: "El problema es que se han infiltrado entre ustedes ciertos individuos que desde hace mucho tiempo han estado señalados para condenación. Son impíos que cambian en libertinaje la gracia de nuestro Dios y niegan a Jesucristo, nuestro único Soberano y Señor" (Judas 4).

Uno de las engaños más comunes es el que afirma que "todos los caminos llevan al cielo". ¡Eso no es verdad! Solo hay un camino al cielo. Jesús dijo: "Yo soy el camino, la verdad y la vida. Nadie viene al Padre sino por mí" (Juan 14:6).

Debemos recordarnos a nosotros mismos que Dios es inmortal y que no cambia.

"Yo, el Señor, no cambio" (Malaquías 3:6).

Es imposible que Dios mienta (Hebreos 6:18).

Probamos las revelaciones *más recientes* con la revelación *más antigua* de Dios: la Biblia. Cualquier nueva revelación que vaya en contra de la revelación más antigua de Dios es una revelación falsa.

Tu palabra, Señor, es eterna y está firme en los cielos (Salmos 119:89).

La Biblia debe ser nuestra *autoridad*.

Toda la Escritura es inspirada por Dios (2 Timoteo 3:16)

Ante todo, tengan muy presente que ninguna profecía de la Escritura surge de la interpretación particular de nadie. Porque la profecía no ha tenido su origen en la voluntad humana, sino que los profetas hablaron de parte de Dios, impulsados por el Espíritu Santo (2 Pedro 1:20-21)

Hoy hay hermanos y hermanas preciosos que están siendo perseguidos y encarcelados simplemente porque dicen que Jesucristo es el camino, la verdad y la vida, y que solo a través de Jesucristo podemos tener vida eterna. Este tipo de persecución solo aumentará a medida que nos acerquemos al tiempo de su venida.

El evangelio será predicado a pesar de los conflictos étnicos y nacionales.

"Se levantará nación contra nación y reino contra reino" (Mateo 24:7).

El evangelio no será predicado en un mundo pacífico, sino en uno lleno de conflictos. El orbe se ha convertido en un lugar peligroso. A diario escuchamos de un nuevo estallido bélico en un país, naciones enfrentándose unas a otras, amenazas de guerra, agitación política y decadencia moral entre algunos líderes. En Corea del Sur, estamos constantemente conscientes de las amenazas de Corea del Norte. Eso no debería sorprendernos, ya que nuestro Señor nos advirtió la condición del mundo cuando él regrese. Debemos orar y ser sensibles al Espíritu Santo mientras vivimos en este tiempo en que el regreso de Cristo es inminente.

Jesús presenció conflictos étnicos. Vio un mundo lleno de conflictos y naciones listas para la guerra. Esto solo alentará a los pueblos del mundo a pensar en un "gobierno mundial" y en un "líder mundial". Los líderes políticos del orbe buscarán una solución, un dirigente que crean que puede traer paz y estabilidad. Están cegados al hecho de que solo Dios puede traer paz y rechazan la verdad de que su reino es el único justo y verdadero.

El poderoso evangelio de Jesucristo será predicado a pesar del espantoso caos de la naturaleza.

"Habrá hambres, pestes y terremotos en diferentes lugares" (Mateo 24:7).

Siempre debemos intentar resolver la tragedia del hambre. Sin embargo, hasta que el Señor Jesús regrese, ese problema no desaparecerá. Las pestes (enfermedades epidémicas mortales) y los virus que antes estaban confinados a ciertas ubicaciones ahora pueden moverse por todo el mundo debido a la facilidad de viajar. Este problema de salud pública en constante aumento continuará causando temor a las personas. A medida que se acerca el regreso de nuestro Señor, esperamos ver un aumento en terremotos peligrosos, tormentas trágicas, incendios e inundaciones.

Jesús vio un mundo en caos. La amenaza de la guerra, la intimidación (y la realidad) de las enfermedades epidémicas y la propia tierra parecerán inestables.

El maravilloso evangelio de Jesucristo será predicado a pesar de la furiosa oposición.

"Entonces los entregarán para que los persigan y los maten, y los odiarán todas las naciones por causa de mi nombre. En aquel tiempo muchos se apartarán de la fe; unos a otros se traicionarán y se odiarán" (vv. 9-10).

La persecución vendrá y proviene desde la religión, los sistemas políticos, los terroristas, las comunidades y, en ocasiones, incluso desde la familia.

> *Así mismo serán perseguidos todos los que quieran llevar una vida piadosa en Cristo Jesús.*
> *—2 Timoteo 3:12*

La persecución purificará a la iglesia y dirigirá a los creyentes hacia las prioridades correctas.

Entiendo que hay más mártires en la iglesia en los siglos veinte y veintiuno que en todos los siglos combinados desde el comienzo de ella. Otros grupos religiosos se volverán contra la verdadera iglesia. Algunos miembros de la familia no entenderán nuestro compromiso absoluto con Jesucristo.

Las personas realmente no tienen problema con nosotros como individuos. Tienen problema con Jesús y nosotros lo representamos.

"Dichosos serán ustedes cuando por mi causa la gente los insulte, los persiga y levante contra ustedes toda clase de calumnias" (Mateo 5:11).

El evangelio será predicado a pesar de la falta de fe de muchos que se hacen llamar cristianos.

"Y surgirá un gran número de falsos profetas que engañarán a muchos. Habrá tanta maldad que el amor de muchos se enfriará, pero el que se mantenga firme hasta el fin será salvo" (24:11-13).

Este alarmante versículo nos dice que "el amor de muchos se enfriará". La apostasía es una profecía alarmante. Creo que el Espíritu Santo será derramado de maneras tremendas y veremos multitudes de personas acudir a Cristo en esos días, pero también debemos preocuparnos por los muchos que abandonarán la fe.

¿Oras por la venida del Señor? *Maranatha* era el grito constante de la iglesia primitiva. *¡Ven, Señor Jesús!*

Los acontecimientos mundiales de nuestro tiempo ciertamente deberían recordarnos las instrucciones que Jesucristo dio a sus discípulos con respecto a los últimos días. Cuando estudiemos las Escrituras y observemos la confusión y las tensiones de las naciones, es recomendable que oremos: *¡Ven pronto, Señor Jesús!*

Esta es nuestra asombrosa, maravillosa y preciosa *esperanza bendita*.

"El reino del mundo ha pasado a ser de nuestro Señor
y de su Cristo, y él reinará por los siglos de los siglos".
—Apocalipsis 11:15

TERCERA PARTE

Formas de orar

La oración es una herramienta poderosa que puede ayudarnos a lograr más de lo que a menudo estamos dispuestos a creer.

Poco después se enfermó el hijo de aquella viuda y tan grave se puso que finalmente expiró. Entonces ella le reclamó a Elías: "¿Por qué te entrometes, hombre de Dios? ¡Viniste a recordarme mi pecado y a matar a mi hijo!".

"Dame a tu hijo", contestó Elías. Y quitándoselo del regazo, Elías lo llevó al cuarto de arriba, donde estaba alojado, y lo acostó en su propia cama. Entonces clamó al Señor: "Señor mi Dios, ¿también a esta viuda, que me ha dado alojamiento, la haces sufrir matándole a su hijo?". Luego se tendió tres veces sobre el muchacho y clamó: "¡Señor mi Dios, devuélvele la vida a este muchacho!".

El Señor oyó el clamor de Elías y el muchacho volvió a la vida (1 Reyes 17:17-22).

Un joven llamado Eutico, que estaba sentado en una ventana, comenzó a dormirse mientras Pablo alargaba su discurso. Cuando se quedó profundamente dormido, se cayó desde el tercer piso y lo recogieron muerto. Pablo bajó, se echó sobre el joven y lo abrazó. "¡No se alarmen!", dijo. "¡Está vivo!" (Hechos 20:9-10, 12).

CAPÍTULO 10

Tu vida de oración

Ana elevó esta oración:
"Mi corazón se alegra en el Señor;
en él radica mi poder.
Puedo celebrar su salvación
y burlarme de mis enemigos".
—1 Samuel 2:1

La invocación persistente del nombre del Señor rompe toda
fortaleza del diablo, porque nada es imposible para Dios.
—Jim Cymbala

La oración adopta diversas formas en nuestra vida cristiana. Nuestro deseo es compartir contigo las que practicamos en los ministerios en los que servimos. El teólogo y escritor Dr. Herbert Lockyer encontró 650 oraciones y 450 respuestas a la oración en la Biblia.[20] Finis J. Dake encontró 176 oraciones en el Antiguo Testamento y 46 en el Nuevo. Solo incluyen oraciones formuladas con palabras reales, no referencias a la oración. Todas las declaraciones como "oró", "imploró al Señor" y "clamó al nombre del Señor" no son oraciones; simplemente mencionan que ciertas personas oraron.

Garantizar nuestro crecimiento personal constante como cristianos, requiere que tengamos una vida de oración periódica. Si dejamos de orar, nuestro crecimiento comenzará a estancarse.

En muchas partes del mundo, el cristianismo se ha convertido en una religión tradicional, llena de ritualismo y con poca vida palpitante. En la actualidad, en esta era de rápida tecnología y redes sociales, a las personas les resulta difícil establecer y mantener una vida devocional individual. Los medios de comunicación, los teléfonos celulares, las distintas opciones de redes sociales, internet, mensajes de texto, correos electrónicos y más son interrupciones constantes que perturban nuestro tiempo. Muchos anhelan aislarse porque se encuentran con muy poco tiempo para pensar, meditar, desarrollar la creatividad y enfocarse en la oración.

Lo que está sucediendo es lo siguiente: cuanto más avanzada es la civilización, más distracciones hay para evitar que hombres y mujeres oren todos los días. La única forma de evitar caer en esta trampa es comprender la extrema importancia de los momentos diarios de oración y devoción.

¿Por qué debemos orar cada día?

Muy de madrugada, cuando todavía estaba oscuro, Jesús se levantó, salió de la casa y se fue a un lugar solitario donde se puso a orar (Marcos 1:35).

Nuestro día debe comenzar con oración porque, entonces, Dios responde. A él le agrada moverse en nuestros corazones temprano. David escribió en sus salmos:

Hay un río cuyas corrientes alegran la ciudad de Dios,
    la santa habitación del Altísimo.
Dios está en ella, la ciudad no caerá;
    al rayar el alba Dios le brindará su ayuda (46:4-5).

¡Despierta, alma mía! ¡Despierten, lira y arpa!
¡Haré despertar al nuevo día! (57:8).

¡Despierten, lira y arpa!
    ¡Haré despertar al nuevo día! (108:2).

Estos versículos nos muestran la práctica de David de levantarse temprano en la mañana para alabar y adorar al Señor. Por tanto, no es extraño que Dios testificara que David era un hombre conforme a su propio corazón.

David no solo alababa y adoraba a Dios temprano en la mañana, sino que también buscaba al Señor en esos preciosos momentos.

> Oh Dios, tú eres mi Dios;
>   yo te busco intensamente.
> Mi alma tiene sed de ti;
>   todo mi ser te anhela,
> cual tierra seca, sedienta y sin agua.

> Te he visto en el santuario
>   y he contemplado tu poder y tu gloria.
> Tu gran amor es mejor que la vida;
>   por eso mis labios te alabarán.
> Te bendeciré mientras viva
>   y alzando mis manos te invocaré
> (Salmos 63:1-4).

Dios prometió que los que se hacen el hábito de dedicar tiempo a buscarlo lo hallarán:

> "A los que me aman, les correspondo;
>   a los que me buscan, me doy a conocer"
> (Proverbios 8:17).

Las primeras horas de la mañana son tranquilas y sin interrupciones. A medida que avanzan las horas del día, las complicaciones, las conversaciones, las preguntas, las noticias y el trabajo ocupan la mayor parte de nuestros pensamientos. David descubrió que durante ese tiempo temprano podía estar solo con el Señor en sus pensamientos y sus oraciones. También hemos encontrado que este momento es muy especial durante el día. Wayde y yo (Dr. Cho) nos hemos asegurado de que ese tiempo pertenezca al Señor. Para ello, debemos acostarnos más temprano a fin de que despertemos tempranito. Otra razón por la que comenzamos nuestro día en oración es para tener una mayor fortaleza —espiritual, emocional y físicamente— a fin de que cumplamos nuestras responsabilidades y todo lo que Dios tiene para que hagamos.

> Todo mi ser te desea por las noches;
>   por la mañana mi espíritu te busca.
> Pues, cuando tus juicios llegan a la tierra,
>   los habitantes del mundo aprenden lo que es justicia
>   (Isaías 26:9).

Isaías conoció los juicios de Dios mientras buscaba al Señor temprano en la mañana. Nosotros hemos aprendido que la sabiduría de Dios que nos llega en los momentos matutinos de oración nos permite ser más eficaces. En pocos minutos, podemos saber lo que Dios quiere en cada situación. La sabiduría, la seguridad, la percepción, la dirección, la intervención y el favor de Dios vienen a nosotros e igualmente el Señor trabajará en los desafíos futuros que las personas difíciles contemplan dirigir contra nosotros. No necesitamos pasar días juzgando un asunto porque tenemos la mente de Cristo.

> Pon en manos del Señor todas tus obras
>   y tus proyectos se cumplirán (Proverbios 16:3).

Nuestra disciplina diaria —de buscar temprano en la mañana— no solo incluye la oración, ¡sino que también abarca la lectura y el estudio particular de la Biblia. Con frecuencia, solo recurrimos a las Escrituras con el objeto de recopilar información para un estudio bíblico que estemos enseñando o, en cuanto a los pastores, para un mensaje que estemos predicando. También debemos leer la Biblia para ser alimentados espiritualmente en nuestros propios corazones.

En mi corazón atesoro tus dichos
para no pecar contra ti ...
Tu palabra es una lámpara a mis pies;
es una luz en mi sendero...
La exposición de tus palabras nos da luz
y da entendimiento al sencillo
(Salmos 119:11, 105, 130).

Toda la Escritura es inspirada por Dios y útil para enseñar, para reprender, para corregir y para instruir en la justicia, a fin de que el siervo de Dios esté enteramente capacitado para toda buena obra (2 Timoteo 3:16-17).

En su primer año de reinado, yo, Daniel, comprendí ese pasaje de las Escrituras donde el Señor comunicó al profeta Jeremías que la ruina de Jerusalén duraría setenta años (Daniel 9:2).

De hecho, todo lo que se escribió en el pasado se escribió para enseñarnos, a fin de que alentados por las Escrituras, perseveremos en mantener nuestra esperanza (Romanos 15:4).

Dios puede hablarnos a través de las Escrituras si le damos la oportunidad. Las horas de la mañana nos encuentran con la mente despejada de todos los conflictos del día; por lo tanto, podemos recibir su dirección e instrucción, las que provienen de su Santa Palabra.

En lo personal, yo (Dr. Cho) debo recordar que mi enseñanza y mi predicación deben surgir como un desbordamiento del estudio personal que efectúo. El pueblo de Dios que me escucha será bendecido como lo soy yo por la Palabra de Dios. Solo puedo motivar si estoy motivado. Solo puedo inspirar si el Espíritu Santo me inspira a mí. Por lo tanto, debo leer la Biblia como parte de mi vida devocional diaria.

Jesús respondió:
"Escrito está: 'No solo de pan vive el hombre,
sino de toda palabra que sale de la boca de Dios'".
—Mateo 4:4

CAPÍTULO 11

La oración familiar

"Por mi parte, mi familia y yo serviremos al Señor".
—Josué 24:15

La oración es el aliento vital y el latido del corazón de un hogar verdaderamente cristiano. También es una de las mejores formas de ayudar a que tu familia prospere. Cuando oran juntos, cada miembro de la familia aprende lo que es la intimidad con Dios. Cuando ven respuestas a la oración, experimentan su amor y su presencia en sus vidas diarias. Por esa razón, sugeriríamos que no hay momento como el presente para introducir a tus hijos en el misterio, la alegría y la emoción de la oración.[21]

—Enfoque en la familia

Hay una declaración muy conocida que afirma que "La familia que ora unida permanece unida".

Hay una crisis global en el matrimonio y la familia. Parece que el enemigo ha ideado un ataque total contra los matrimonios, las familias y los niños, además de confundir las definiciones bíblicas del matrimonio y la identidad de género. Este ataque absoluto a lo que somos como hijos de Dios, creados a imagen de él, es una estrategia de Satanás para destruir los matrimonios y las familias.

La avalancha de publicaciones en redes sociales, programas de televisión, películas y en las artes que atacan lo que somos como hombres y mujeres, así como a la preciosa institución del matrimonio, solo va a aumentar. Necesitamos desesperadamente orar juntos como familia. El poderoso armamento de la oración puede salvar al matrimonio y proteger a la niñez.

Lo ocupado de nuestros itinerarios nos deja poco tiempo para orar e incluso para comer juntos en familia. Nuestro tiempo es un regalo, por lo que debemos elegir usarlo sabiamente.

Entendemos que el niño promedio de dos a cinco años pasa mucho tiempo entretenido con las redes sociales y la televisión. En Estados Unidos, la televisión sigue siendo el medio preferido, con adolescentes de doce a diecisiete años que pasan casi catorce horas a la semana viendo su programación, una cifra que aumenta a más de 19.5 horas entre niños de dos a once años. La organización GBH Insights encontró que el cliente promedio de Netflix pasa diez horas por semana usando esa plataforma, en comparación con cinco horas dedicadas a Amazon y Hulu.[22] La Oficina de Estadísticas Laborales estimó que, en comparación, el estadounidense promedio mira alrededor de 19.6 horas de televisión tradicional a la semana (2.8 horas al día).[23] La televisión, internet y el entretenimiento siguen consumiendo cada vez más horas de nuestro día. En consecuencia, la oración —a menudo— se olvida debido a tantas distracciones.

El promedio de divorcios ha seguido aumentando. En algunas comunidades, se divorcian más personas que las que se están casando. Satanás parece estar ganando la guerra que se libra en los hogares. La cultura del siglo veintiuno y la deriva de los parámetros bíblicos son sin duda razones importantes por las cuales las personas se divorcian:[24]

- En general, los que conviven en unión libre tienen de un 50 a 80 por ciento más de probabilidades de divorciarse después del matrimonio que los que no ejercen esa práctica.[25]
- Por desdicha, el riesgo general de divorcio entre los afroamericanos es 1.5 veces mayor que entre los blancos.[26]

- Solo el 36 por ciento de los graduados universitarios que se casan se divorciarán alguna vez.[27]
- Los que se casan después de los dieciocho años tienen un riesgo reducido de divorcio del 24 por ciento.[28]
- Pertenecer a una familia íntegra reduce el riesgo de divorcio en un 14 por ciento.[29]
- Tener un ingreso familiar anual de $50,000 implica un 30 por ciento menos de riesgo de divorcio.[30]
- Los que tienen una fe común sólida tienen un 35 por ciento menos de riesgo de divorcio. Las parejas que asisten a la iglesia semanalmente tienen un 47 por ciento menos de probabilidad de divorciarse. Sin embargo, las tasas de divorcio entre los cristianos nominales son iguales a las de la población general.[31]
- Tener el primer hijo después del matrimonio reduce el riesgo de divorcio en un rango del 24 por ciento al 66 por ciento.[32]
- Un matrimonio en el que solo uno de los cónyuges fuma habitualmente aumenta su riesgo de divorcio en más del 75 por ciento.[33]
- Casarse como no vírgenes se asocia a un riesgo de divorcio "considerablemente más alto" y a "matrimonios primerizos mucho más inestables", como afirman los académicos.[34]
- Los matrimonios en los que la esposa desea tener hijos pero el esposo no, enfrentan un 50 por ciento más de riesgo de divorcio.[35]
- Los matrimonios con una diferencia significativa de edad entre los cónyuges, especialmente un esposo más joven o mucho más viejo, tienen casi un 50 por ciento más de probabilidad de divorcio que aquellos de edades similares.[36]

¿Qué evitará que tal clase de batalla afecte a nuestros hogares? La respuesta es: un tiempo constante y coherente de oración familiar: esposos y esposas orando juntos, orando con sus hijos y sosteniendo momentos devocionales familiares. Mi esposa, Rosalyn, y yo (Wayde) hemos estado participando en el ministerio matrimonial por más de cuarenta años. Hemos ministrado en más de cincuenta países y todavía no hemos visto a una pareja que oren juntos todos los días que hayan acabado con su matrimonio.

Nuestros tiempos de oración en familia pueden incluir lectura bíblica, oración e incluso cantar. Ser francos y transparentes en esos momentos es un ejemplo tremendo para los niños a la vez que oramos por perdón y por la ayuda de Dios para nuestras vidas. Cuando mis hijos (Dr. Cho) crecían, los animaba a expresar sus sentimientos, miedos y frustraciones. Eso nos permitió mantener abierta la comunicación y nos acercó a una relación sincera.

Por otra parte, la depresión no tratada ha sido identificada como una de las principales causas de suicidio. La depresión en los adolescentes es un problema muy común en la actualidad. A la luz de estudios recientes que muestran que el 28 por ciento de los adolescentes experimentarán algún tipo de depresión, los padres no pueden evitar cuestionarse cómo se ve ese fenómeno.[37] Muchos de nuestros jóvenes han recurrido a las drogas, al sexo ilícito y al alcohol. Una vez que estos estimulantes artificiales dejan de funcionar, caen en la desesperación y la depresión, lo que —a menudo— aumenta los pensamientos de hacerse daño a sí mismos.

Las familias saludables son un consuelo y una seguridad significativa para los niños. Mantener una comunicación franca, la oración, el consejo divino y las verdades bíblicas como parte de nuestra relación familiar es una fortaleza poderosa para nuestros hijos. Todo eso les dará un mayor poder para resistir los ataques del diablo.

Satanás también usará la religión falsa para atacar a nuestros jóvenes. Las sectas religiosas ofrecen a los jóvenes hombres y mujeres la pseudoatmósfera de un hogar y una familia. Nuestra defensa más fuerte contra eso es una fuerte vida de oración y devocional familiar.

> *La oración crea un cambio personal en tu vida.*
> *Nada te beneficiará más que su práctica.*
> —Yonggi Cho

Así como Dios ha elegido compartir nuestras cargas con nosotros, también debemos aprender a compartir nuestras cargas de oración con nuestros hijos. ¿Por qué permitir que ellos vean los resultados de nuestras preocupaciones y que no sepan la razón de ellas? ¿Cómo sabrán la forma de lidiar con los problemas entregándolos al Señor si no nos ven haciendo lo mismo?

En nuestra familia (Dr. Cho), practicábamos nuestros tiempos devocionales en un círculo de oración. Nos agarrábamos las manos y comenzábamos a orar. Uno de mis hijos podía estar enfrentando dificultades con una de sus materias en la escuela. Inmediatamente comenzábamos a orar como familia, ya que ese era un problema que nos preocupaba a todos. Un ejemplo de cómo oraba en esos momentos es: *Querido Señor, por favor, ayuda a mi hijo mayor con esta prueba que está por tener. Permítele aprender su materia tan bien que pueda obtener una calificación excelente para tu gloria. ¡Amén!*

Mi esposa, la Dra. Sunhae Kim, también tiene preocupaciones muy importantes. Ella es la parte más importante de mi ministerio, y nuestra relación y amor mutuo solo han crecido. Sus preocupaciones podrían ser con la universidad de la cual es presidenta, o con las áreas en las que participa en nuestra iglesia o en la comunidad. También tiene preocupaciones particulares como qué vestir para un evento. Todo eso es de gran interés para mí. Sus preocupaciones son las preocupaciones de nuestra familia. Este tipo de relación nos articula en una unidad que no puede romperse fácilmente. Hemos adquirido el hábito de orar juntos acerca de todas nuestras inquietudes: nuestra familia, nuestros amigos, nuestro ministerio y las maravillosas promesas de Dios. Orar con nuestros hijos (y nietos) transmite nuestra creencia sincera en la oración y en lo milagroso.

"Pero si les parece mal servir al Señor, elijan ustedes mismos a quiénes van a servir: a los dioses que sirvieron sus antepasados al otro lado del río Éufrates o a los dioses de los amorreos, en cuya tierra ustedes ahora habitan. Por mi parte, mi familia y yo serviremos al Señor".
—Josué 24:15

CAPÍTULO 12

La oración en los cultos de la iglesia

Para que, si me retraso, sepas cómo hay que portarse en la casa de Dios, que es la iglesia del Dios viviente, columna y fundamento de la verdad.

—1 Timoteo 3:15

"Dios, no sé cómo ser un pastor exitoso".

—Jim Cymbala

"La iglesia está luchando. Si el evangelio es tan poderoso..." no pudo continuar, las lágrimas ahogaron su voz. Luego sintió que Dios hablaba profundamente en su espíritu: *Si tu esposa y tú guían a mi pueblo a orar y a invocar mi nombre, nunca tendrás un edificio lo suficientemente grande para contener a las multitudes que enviaré en respuesta.*[38]

—Ginger E. Kolbaba

Uno de los ministerios más importantes de la Iglesia del Evangelio Completo de Yoido es la oración congregacional que tenemos en cada culto. Siempre iniciamos nuestros servicios orando todos los presentes al mismo tiempo. Oramos por la salvación y la protección de nuestro país. Dado que sufrimos la opresión de los japoneses durante muchos años y la invasión de los norcoreanos comunistas, estamos conscientes de que la libertad —y sobre todo la libertad religiosa— es algo tan precioso que debe protegerse. Por esa causa pedimos intensamente por nuestra nación.

> *El secreto a voces de muchas iglesias que creen en la Biblia es que un porcentaje ínfimo de aquellos que hablan sobre la oración y la lectura de la Biblia realmente practican lo que dicen.*[39]
> — Dallas Willard

También oramos juntos por nuestros líderes. Dios nos ha ordenado que lo hagamos. Si no obedecemos eso, tendremos el gobierno que merezcamos. De modo que pedimos por el presidente del país, así como por las demás autoridades. Esa es la razón por la cual gozo de completa libertad para predicar el evangelio en mi iglesia, por medio de la televisión, de la radio y de otros medios. Muchas naciones no permiten predicar en los medios de comunicación públicos. En Corea agradecemos esta libertad y la salvaguardamos mediante la oración.

Oramos al unísono por las miles de peticiones que nos llegan de todo el mundo. Al comienzo de cada culto, me sitúo al lado del "podio de las peticiones", coloco mis manos sobre los temas de oración que allí se encuentran, y todos oramos juntos antes de que esas peticiones se envíen a la Montana de Oración. Ubicada a unos cincuenta kilómetros de la Iglesia del Evangelio Completo de Yoido, en la Montaña de Oración se hacen —continuamente— oraciones, intercesión y adoración. Cientos de miles de personas oran intensamente por las peticiones durante cada uno de nuestros servicios.

Pedimos de un modo especial por un avivamiento que abarque al mundo entero y permita a cada nación escuchar el evangelio. Vamos a cumplir nuestra misión hasta que Cristo venga. Como la congregación más grande del mundo que somos, reconocemos que se nos ha dado la responsabilidad especial de orar por la iglesia de Jesucristo en todos los países.

Después de cada predicación, volvemos a orar juntos. Oramos con determinación y seguridad. Cuando oigo a mi gente orando, suena como el impresionante rugido de una poderosa catarata. Sabemos que Dios tiene que oír nuestra oración sincera, porque pedimos al unísono y en unidad.

Y cuando oramos, el poder de Dios se manifiesta en nuestro medio. Muchos han sido sanados, liberados y llenos del Espíritu mientras más nos unimos en oración. Ahora bien, si uno es capaz de poner en fuga a mil, y dos a diez mil (Deuteronomio 32:30), ¿te imaginas el poder que tendrían cientos de miles de individuos unidos en oración? Eso sería incomprensible.

¿Cuán grande es la oración? ¿Qué tan esencial es? La siguiente es una forma en que yo (Dr. Cho) respondo estas preguntas. Podrías eliminar la predicación poderosa de nuestra iglesia y esta seguiría funcionando. Podrías eliminar la administración del cuidado pastoral a través del sistema de grupos celulares y la iglesia seguiría funcionando. Pero si eliminas la vida de oración de nuestra iglesia, colapsaría.

"Engrandezcan al Señor conmigo;
exaltemos a una su nombre".
—Salmos 34:3

CAPÍTULO 13

La oración en los grupos pequeños

Y día tras día, en el Templo y de casa en casa, no dejaban de enseñar y anunciar las buenas noticias de que Jesús es el Cristo
—Hechos 5:42

Los grupos celulares en el hogar brindan a cada miembro de la iglesia la oportunidad de participar en el ministerio de su grey y de llevar el avivamiento a su propio vecindario. Nuestros miembros aprecian este tipo de participación muy gratificante y el evangelismo se ha multiplicado gracias a ello.
—Yonggi Cho

No hay duda de que el sistema de grupos celulares es esencial para la Iglesia del Evangelio Completo de Yoido. Durante un período muy difícil en mis primeros años de ministerio, yo (Dr. Cho) descubrí esta verdad fundamental. Como pastor de una iglesia con aproximadamente tres mil miembros, sentía que podía hacer todo lo que intentara en el ministerio. Predicaba, visitaba y oraba por los enfermos, y la iglesia crecía. Aunque en apariencia todo parecía ir bien, me estaba agotando física y emocionalmente.

Un domingo, mientras interpretaba a un evangelista estadounidense, me desmayé. Volví a levantarme, porque mi mente me decía que lo único que necesitaba era más dedicación y fortaleza. Lo intenté de nuevo, pero no pude terminar el servicio. Me llevaron de urgencia al hospital, donde un médico me dijo: "Pastor Cho, tal vez pueda vivir, ¡pero debe renunciar al ministerio".

Esas inquietantes palabras me impresionaron profundamente, las sentí como un tremendo peso sobre mis hombros. *¿Qué puedo hacer excepto predicar el evangelio?*, refunfuñé interiormente.

Asimilar lo que el médico acababa de decirme hizo que cobrara conciencia en cuanto a que, como seres humanos, podemos quedarnos sin fuerzas y agotarnos. Esa no es la voluntad de Dios. Jesús dijo: "Mi yugo es suave y mi carga es liviana" (Mateo 11:30). Como pensaba (en ese momento) que podía hacerlo todo, me quebranté. Estaba acarreando responsabilidades y cargas que eran demasiado pesadas.

He descubierto que a veces Dios tiene que ir a extremos inusuales para captar nuestra atención. Debo admitir que ¡esa experiencia captó la mía en el hospital! Los días que siguieron fueron momentos de reevaluación de mi vida. Esta experiencia "tenebrosa" me ayudó a comprender el potencial ilimitado de crecimiento en la iglesia a través del sistema de grupos celulares.

En el Libro de los Hechos, vemos un ejemplo similar en cuanto a desarrollar personas —a nuestro alrededor— que pueden ayudar en la obra del ministerio, en las organizaciones que lideramos o incluso en nuestros hogares.

Cuando la iglesia primitiva todavía era pequeña, los doce apóstoles podían hacer todo el trabajo administrativo de ella. Sin embargo, si esa situación hubiera permanecido igual, la iglesia nunca habría podido crecer más allá del número que la conformaba en Jerusalén. La forma en que Dios cambió la mentalidad de los apóstoles fue permitiéndoles enfrentar un problema potencialmente devastador, que se describe en el capítulo 6 de los Hechos:

En aquellos días, al aumentar el número de los discípulos, se quejaron los judíos de habla griega contra los de habla hebrea de que sus viudas eran desatendidas en la distribución diaria de los alimentos. Así que los doce reunieron a toda la comunidad de discípulos y les dijeron: "No está bien que nosotros los apóstoles descuidemos el ministerio de la palabra de Dios para servir las mesas. Hermanos, escojan de entre ustedes a siete hombres de buena reputación, llenos del Espíritu y de sabiduría, para encargarles esta responsabilidad. Así nosotros nos dedicaremos de lleno a la oración y al ministerio de la palabra" (Hechos 6:1-4).

La división étnica casi causó el primer cisma en la iglesia primitiva. Tuvo que ser resuelta antes de que empeorara. Los apóstoles se dieron cuenta de que no podían hacer toda la obra del ministerio ellos solos. Como resultado de entender eso, encontraron a siete hombres llenos del Espíritu Santo y de sabiduría, a los que nombraron diáconos, líderes encargados de atender esa necesidad en la iglesia. Esos líderes se encargaron de la administración mientras los apóstoles se enfocaron en su llamado original: "la oración y el ministerio de la palabra".

El problema hizo que los apóstoles revisaran su situación y recibieran la sabiduría del Espíritu Santo. Sabiduría que los llevó a delegar su autoridad en otros, permitiendo así un crecimiento ilimitado.

> *"Además les digo que, si dos de ustedes en la tierra se ponen de acuerdo sobre cualquier cosa que pidan, les será concedida por mi Padre que está en el cielo".*
> —Jesús, citado en Mateo 18:19

En varios lugares de Hechos se describe que los discípulos se reunían en grupos grandes y pequeños. Por tanto, considera la forma en que la Escritura nos recuerda la validez de un sistema de grupos celulares o pequeños grupos de personas que nos ayudan mientras nos enfocamos en la esencia de lo que estamos llamados a hacer:

No dejaban de reunirse unánimes en el Templo ni un solo día. De casa en casa partían el pan y compartían la comida con alegría y generosidad, alabando a Dios y disfrutando de la estimación general del pueblo. Y cada día el Señor añadía al grupo los que iban siendo salvos ... Y día tras día, en el Templo y de casa en casa, no dejaban de enseñar y anunciar las buenas noticias de que Jesús es el Cristo (Hechos 2:46-47; 5:42).

Pablo les dijo a los ancianos de la iglesia en Éfeso: "Ustedes saben que no he vacilado en predicar todo lo que les fuera de provecho, sino que les he enseñado públicamente y en las casas" (Hechos 20:20). A los creyentes en Roma, les escribió: "Saluden igualmente a la iglesia que se reúne en la casa de ellos" (Romanos 16:5).

Muchas veces las Escrituras me recordaron la instrucción que debía seguir. Comencé el sistema de grupos celulares, que ha crecido hasta tener decenas de miles de células, y se ha convertido en una parte significativa de una multitud de iglesias en todo el mundo. Si cada una de esas células influye en solo dos familias para que vengan a Cristo cada año, decenas de miles de nuevas familias se unirán al reino de Dios. Si la familia promedio consta de cuatro miembros, el número de personas que se convierten en seguidores de Cristo crece hasta cientos de miles. Esto no incluye a los miembros que acuden a Cristo a través de nuestros programas adicionales de ministerio: nuestros servicios dominicales, programas televisivos y radiales, ministerio en línea, programas de alcance y ministerios de servicio a los pobres y a los enfermos. A menudo pienso y digo que el crecimiento constante de la iglesia depende principalmente del sistema de grupos celulares.

> *Estamos trabajando con Dios para determinar el futuro. Ciertas cosas sucederán en la historia si oramos de manera correcta.*
> *—Richard Foster*

Tal vez estás abrumado con responsabilidades. Dios podría estar recordándote que no puedes hacerlo solo. Necesitamos amigos de confianza que estén llenos del Espíritu Santo y sean oyentes y consejeros sabios para que nos ayuden. Puede parecer difícil encontrar personas de confianza que oren por nosotros y estén de acuerdo con nosotros en la oración. Pide a nuestro Padre celestial que traiga personas de oración, llenas del Espíritu Santo y sabias a tu vida. Sigue buscando y él responderá tu oración. Haz que sean parte de tu pequeño grupo de personas que se reúnen para estudiar la Biblia y orar. Nuestras familias, trabajos e iglesias se volverán más saludables y crecerán cuando aprendamos este principio.

En Seúl, nuestras reuniones de células consisten de cinco a diez familias. Pueden reunirse en hogares (lo que puede ser conveniente para reuniones nocturnas o diurnas si es para mujeres), formar grupos afines (maestros, médicos, abogados, líderes empresariales) o reunirse en escuelas (lo mejor para nuestras células de estudiantes), fábricas y otros escenarios. Los líderes empresariales a menudo tienen sus reuniones de células en restaurantes. Donde sea que se reúnan, constituyen la iglesia en acción. Nuestro gran edificio de la iglesia es el lugar donde las personas se reúnen para compartir la Palabra de Dios y disfrutar de la adoración de nuestra iglesia combinada. Sin embargo, la iglesia realmente se reúne en miles de lugares en toda la ciudad.

En nuestras reuniones de células, las personas oran por las necesidades de los demás. Los líderes de células visitan a sus miembros si están enfermos y oran por su sanidad. Vemos a muchas personas sanadas debido a las oraciones del grupo de células y los líderes. A las personas se les enseña la naturaleza esencial de la oración, por lo que oran por todo. Oran fervientemente por la iglesia, la nación y por la continuación del avivamiento en Corea y en todo el mundo. También oran por los posibles nuevos conversos para que la iglesia siga creciendo.

Tenemos conferencias en las que se les recuerda firmemente a los líderes de células que estas deben tener un objetivo claro en sus oraciones. Por lo tanto, nuestras células describen una imagen clara de su objetivo mientras oran con fe. Dado que es mucho más fácil llevar a una persona que conoces a Cristo, los miembros de las células testifican a sus vecinos, amigos o familiares. Cuando Dios abre la puerta para que ese posible converso sea salvo, el miembro compartirá esto con los demás participantes del grupo de células y no dejarán de orar hasta que esa persona venga a Cristo.

Hay una maravillosa historia de oración de un pequeño grupo que involucra a Corrie ten Boom. A ella, parecía que la oración le llegaba con mucha naturalidad. Sus padres vivieron un ejemplo de oración y la enseñaron a orar, inculcándole el hecho de que la oración era parte importante de su vida. Después de un dinámico servicio en la iglesia, el abuelo de ten Boom, Willem ten Boom, sintió la necesidad de orar por el pueblo judío.

En 1844, la familia ten Boom, junto con amigos y vecinos, comenzó un pequeño grupo que oraba por el pueblo judío. Cada semana oraban específicamente por la paz de Jerusalén, como se menciona en el Salmo 122:6: "Oren por la paz de Jerusalén; que todos los que aman a esta ciudad prosperen" (NTV).

Esas reuniones se efectuaron durante cien años. El 28 de febrero de 1944, se detuvieron cuando soldados nazis llegaron a la casa de los ten Boom para llevárselos a todos. Su familia comenzó a orar por la protección del pueblo judío cien años antes de que Corrie ten Boom fuera llevada a un campo de concentración por esconder y proteger a judíos.

A veces, nuestro Señor hablará a nuestros corazones acerca de las penurias de otras personas, de las necesidades en todo el mundo y de eventos que ocurrirán en el futuro. Cuando oramos juntos en nuestras reuniones grupales, pueden suceder milagros incontables, la sabiduría fluye y el Espíritu Santo nos da dirección y sensibilidad con respecto a las personas y las decisiones que necesitamos tomar.

> "También les digo lo siguiente: si dos de
> ustedes se ponen de acuerdo aquí en la tierra
> con respecto a cualquier cosa que pidan,
> mi Padre que está en el cielo la hará".
> —Jesús, citado en Mateo 18:19

CAPÍTULO 14

Orar en la Montaña de Oración

Después de despedir a la gente, subió a las colinas para orar a solas. Mientras estaba allí solo, cayó la noche
—Mateo 14:23

Orar es alcanzar y buscar lo invisible; ayunar es soltar todo lo que es visible y temporal. El ayuno ayuda a expresar, profundizar y confirmar la resolución de que estamos dispuestos a sacrificar cualquier cosa, incluso nosotros mismos, para alcanzar lo que buscamos para el reino de Dios.
—Andrew Murray

Lo que hemos denominado la Montana de Oración es realmente mucho más que un lugar de retiro dedicado a orar. En un principio ese terreno se compró para construir un cementerio de la iglesia. Debido a que Corea ha sido un país tradicionalmente budista, era muy importante para nosotros contar con un lugar propio donde enterrar a nuestros muertos.

En 1973, cuando se estaba construyendo la iglesia que tenemos actualmente, el dólar se devaluó; lo cual hizo que nuestro won coreano (que está ligado al valor de la moneda estadounidense) sufriera y que se produjera una profunda recesión. Luego nos afectó la crisis del petróleo, empeorando nuestra ya frágil economía. Nuestra gente perdió sus trabajos y descendieron nuestros ingresos.

Como habíamos firmado los contratos con la empresa constructora y los costos de edificación habían aumentado en una forma sin precedentes, sufrí (Dr. Cho) enormemente previendo la posibilidad de un colapso financiero, por lo que me sentaba en el interior del edificio de la iglesia —sin terminar— deseando que las vigas me cayeran encima.

Durante aquel tiempo decisivo en mi ministerio, un grupo de nuestra congregación fue al terreno y empezó a construir una instalación para orar, principalmente por su afligido pastor. Aunque yo veía la necesidad de eso en nuestra iglesia, lo que me preocupaba eran los gastos adicionales que seguían acumulándose sobre mi escritorio. Luego, comprendiendo que solo una milagrosa intervención de Dios nos libraría de la catástrofe, me uní a los intercesores en la Montana de Oración.

Cierta tarde, cuando varios cientos de personas nos encontrábamos orando en la planta baja de nuestra inacabada iglesia, una anciana vino caminando lentamente hacia mí; y al acercarse a la plataforma vi que sus ojos estaban inundados de lágrimas.

A continuación, la mujer se inclinó y dijo:

—Pastor, quiero darle estas cosas para que las venda por algunos centavos y contribuir así al fondo pro construcción.

Bajé la vista, y en sus manos descubrí un viejo cuenco de arroz y un par de palillos.

—Pero, hermana... ¡no puedo aceptar estos artículos indispensables para usted! —le contesté.

—Pastor, soy una anciana, y no tengo nada de valor que darle a mi Señor; y, sin embargo, Jesús me ha salvado por su benevolencia —exclamó mientras las lágrimas corrían abundantemente por sus arrugadas mejillas—.Esto es todo lo que poseo en el mundo; ¡usted tiene que dejar que se las entregue a Jesucristo! Puedo poner el arroz encima de unos periódicos viejos y utilizar las manos en vez de palillos. Sé que pronto moriré; así que no quiero encontrarme con Jesús sin haberle dado nada en esta tierra.

Cuando la mujer terminó de hablar, todo el mundo comenzó a llorar desconsoladamente. La presencia del Espíritu Santo llenó el lugar y cada uno se puso a orar en el Espíritu.

A continuación, un hombre de negocios que estaba al fondo se sintió profundamente conmovido y dijo:

—Pastor Cho, quiero comprar ese cuenco de arroz y esos palillos ¡por mil dólares!

Y entonces todos comenzaron a ofrecer sus posesiones. Mi esposa y yo vendimos nuestra casita y dimos el dinero a la iglesia. Aquel espíritu generoso nos salvó de la ruina económica.

La transición a la Montaña de Oración

Con el paso de los años, la Montaña de Oración ha llegado a ser un lugar al que miles de personas van a diario para que sus necesidades sean satisfechas, así como para ayunar y orar. Hemos añadido al sitio un moderno auditorio con diez mil asientos, que ahora resulta demasiado pequeño para dar cabida a las multitudes que acuden allí. La asistencia varía; pero normalmente hay por lo menos tres mil personas todos los días orando, ayunando, adorando y alabando a nuestro santo y precioso Señor en la Montaña de Oración. En ese ambiente de comunión enfocada en Dios las sanidades y los milagros son cosas frecuentes.

> *Cerca de ocho días después, Jesús llevó a Pedro, a Juan y a Santiago a una montaña para orar. —Lucas 9:28*

Cada año cientos de miles de personas se inscriben en la Montaña de Oración para orar. Eso convierte a ese "refugio de oración" en la primera línea de nuestro ataque contra las fuerzas del diablo en esta tierra. Creo que en ningún lugar del mundo hay más personas orando y ayunando. Dios oye nuestras oraciones, y las respuestas son demasiado numerosas para mencionarlas.

En un capítulo posterior acerca del ayuno y la oración, hablaré más en detalle sobre el método que usamos en la práctica de este medio bíblico para que se suplan las necesidades. Sin embargo, no es posible destacar suficientemente la importancia del ayuno y la oración en el comienzo y la continuación del avivamiento.

En la Montaña de Oración no solo tenemos personas que oran en grupo, también tenemos otras que lo hacen individualmente en nuestras "grutas de oración". Tenemos más de doscientos de esos pequeños cubículos que, en realidad, están excavados en el costado de una colina. En esas grutas de oración, las personas pueden estar tranquilas y en silencio ante Dios. En mi propio "rincón de oración", puedo cerrar la puerta y comunicarme con mi Padre celestial en una oración enfocada y prolongada.

El nombre por el que llamé inicialmente a la Montaña de Oración fue "refugio de oración". La razón de eso es que añadimos intencionalmente una gran cantidad de habitaciones en las que las personas pueden quedarse durante días o incluso semanas. Alojamos a miles de personas no solo de Corea, sino también de todos los rincones de la tierra. Creo que hay muchos cristianos que anhelan un lugar donde puedan encontrarse con Dios de manera dinámica. No es que Dios no pueda encontrarse en todas partes cuando hombres y mujeres lo buscan en espíritu y en verdad, pero no hay ningún lugar en la tierra que tenga más oración concentrada que la Montaña de Oración. Los cristianos no se satisfacen con solo escuchar acerca del mover de Dios; desean ver lo que Dios está haciendo. Por lo tanto, construimos caminos, edificamos alojamientos adecuados y ampliamos nuestras instalaciones para acomodar a la gente y que vea lo que Dios está a punto de hacer en toda la tierra.

Mi suegra, Choi Ja Shil, tenía un profundo interés en establecer la Montaña de Oración. Su dedicación a la oración, su amor por el cuerpo de Cristo y sus dones evangelísticos han ejercido un tremendo impacto en mi vida. Ella fue instrumental en muchos aspectos de mi vida, incluido el momento en que comenzamos la iglesia con solo unas pocas personas.

Ubicada aproximadamente a unos cincuenta kilómetros al norte de Seúl, Corea, la Montaña de Oración está dedicada como un lugar de oración y ayuno. Los millones de oraciones que se han orado (y hoy se están orando) no son solo por las necesidades de los presentes allí, sino que también oramos por peticiones de todo el mundo. La congregación en Seúl ora por esas peticiones y luego las enviamos a la Montaña de Oración. Cada una de ellas se traduce al coreano, luego un intercesor orará y ayunará por la solicitud, habiendo sido sensibilizado para ser consciente agudamente de su urgencia. Los intercesores pueden visualizar la necesidad y tener seguridad en la respuesta. Los testimonios que nos llegan de oraciones respondidas son demasiados para escribir sobre ellos. Sabemos que Dios escucha y responde la oración acompañada de ayuno.

Personas de todo el mundo acuden a orar y ayunar en la Montaña de Oración y a recibir un milagro. La fe es contagiosa. Escuchar testimonios de oraciones respondidas forja nuestra confianza; además, estar con personas que saben que sus oraciones están siendo escuchadas y respondidas nos da la seguridad de que nuestras oraciones también están siendo contestadas. Hemos visto muchos milagros y sanidades en la Montaña de Oración.

Hay una historia que me conmueve especialmente. Hace muchos años, una víctima de la polio visitó la Montaña de Oración. Había escuchado acerca de los milagros que sucedían ahí y estaba decidida a visitarla. A pesar de sus dificultades físicas, creía que si acudía a la Montaña de Oración a orar con los intercesores, sería sanada. Solo tenía veintitrés años y esperaba poder volver a caminar. En el curso natural de los acontecimientos, eso parecía imposible; había estado gravemente discapacitada desde los tres años. Pero con Dios, ¡todas las cosas son posibles! Así que después de inscribirse, comenzó de inmediato a fortalecer su fe leyendo la Palabra de Dios y buscando todas las promesas del Señor.

Planeaba quedarse tres meses, por lo que decidió ayunar dos días a la semana. Durante su estancia, quedó particularmente impresionada por los testimonios que escuchaba. Cada vez que oía a alguien testificar sobre el milagroso poder de Dios, su fe aumentaba.

Pasado el primer mes, no hubo señales evidentes de sanidad; sus piernas todavía estaban retorcidas por la parálisis a la que se había acostumbrado. Durante el segundo mes, se sintió renovada en su espíritu y su alma, pero aún no había cambios en su cuerpo. Sin embargo, ¡algo comenzó a suceder en el tercer mes! Por primera vez en muchos años, pudo apreciar una sensación en sus piernas. Esperando un milagro, exclamó: "¡Ayúdenme a ponerme de pie! ¡Por favor, alguien, ayúdenme a ponerme de pie! ¡Sé que estoy sana!".

Al ver las lágrimas y percibir su emoción, un par de nuestros miembros la tomaron alegremente del brazo y la pusieron de pie. Sin embargo, aunque sus piernas sentían algo como el correr de la sangre por sus arterias y sus venas, no tenía la fuerza suficiente para mantenerse de pie. Sin mostrar señales de decepción, poco a poco se dejó sentar nuevamente y continuó orando. Sabía que se necesitaba un milagro creativo para que las extremidades atrofiadas de aquella chica volvieran a funcionar, así que esperó pacientemente y siguió ayunando y orando.

Después de tres meses, se fue, todavía en una silla de ruedas, pero algo había cambiado en su interior. ¡Sabía que había sido sanada! Pasaron varios meses antes de que recibiera una hermosa carta de ella. Explicó que se necesitó persistencia, pero finalmente había llegado el milagro. "Sí, Dr. Cho. ¡Ahora puedo caminar!", escribió. "Todavía tengo un ligero cojeo, pero estoy caminando. ¡Sé que incluso ese cojeo desaparecerá pronto!".

¿Sanan todos los que van a la Montaña de Oración a ayunar y a orar? La sanidad no es tan simple como algunos piensan. Hay quienes son sanados de inmediato, otros requieren de más tiempo. Algunos se dan cuenta de que necesitan liberarse del resentimiento y la falta de perdón que albergan en su corazón. Dios se preocupa por la condición de nuestros corazones, por eso nos revelará lo que debemos perdonar o lo que necesitamos dejar de hacer que nos daña espiritual o físicamente (ya que nuestro cuerpo es el templo del Espíritu Santo). Muchos salen de allí sanados, pero con una gran determinación de caminar en el Espíritu Santo y centrar sus vidas en Jesús.

Creo que la oración es una herramienta para el avivamiento espiritual de Corea y de todas las naciones. Hace un tiempo, mientras oraba en la Montaña de Oración, sentí que el Espíritu Santo me recordaba un avivamiento que involucraría a toda la península coreana y a las naciones circundantes. A medida que encuentres tu Montaña de Oración, tú también escucharás al Espíritu Santo hablar acerca de tu vida y tus preocupaciones, e incluso te revelará cosas que están por venir. Él responderá a tu oración de desesperación y necesidad. Él se preocupa y te guiará siempre que lo busques en oración.

> Entonces las naciones temblarán ante el Señor;
> los reyes de la tierra temblarán ante su gloria.
> Pues el Señor reconstruirá Jerusalén;
> él aparecerá en su gloria.
> Escuchará las oraciones de los desposeídos;
> no rechazará sus ruegos.
> Que esto quede registrado para las
> generaciones futuras, para que un pueblo
> aún no nacido alabe al Señor.
> —Salmos 102:15-18

CAPÍTULO 15

Las vigilias de oración

Después de despedir a la gente, subió a las colinas para orar a solas. Mientras estaba allí solo, cayó la noche.
—Mateo 14:23

Jesús oraba brevemente cuando estaba en medio de una multitud y oraba un poco más extenso cuando estaba con sus discípulos; pero, cuando estaba solo, oraba toda la noche. Hoy, muchos en el ministerio tienden a invertir ese proceso.[40]
—Billy Graham

¿Cómo pueden miles de personas pasar, cada viernes por la noche, en oración? Mucha gente, de todo el mundo, me ha hecho esta pregunta. Si la gente puede pasar toda la noche en una discoteca, club o fiesta, ¿por qué los cristianos dedicados no pueden pasar toda la noche orando y adorando al Señor? Todo depende de cuáles sean nuestras prioridades y en que posición las asignemos. O nos tomamos en serio el avivamiento o no lo hacemos.

Nuestra gente se reúne los viernes por la noche y comienza a orar en silencio. Un pastor, por lo general, imparte una buena enseñanza de la Palabra y, a lo largo de la noche, los servicios de oración se intercalan con mensajes, testimonios y oración por milagros. Cuando dirijo la reunión de oración, no estoy bajo la misma presión que debo enfrentar los domingos. Puedo tomarme mi tiempo y enseñar en períodos más largos. Seguimos un programa establecido, ya que la gente no vendría fielmente si solo tuviera que sentarse y orar toda la noche.

Después de estudiar la Palabra, comenzamos a orar. Clamamos por necesidades y problemas específicos en nuestra iglesia, así como por los que nos afligen en lo particular. Después de la oración, empezamos a cantar himnos cristianos. Después de la sección de cantos, uno de los pastores asociados predica. Luego cantamos de nuevo y nos preparamos para escuchar testimonios personales de lo que Dios ha hecho en las vidas de nuestros miembros. Hay tantos milagros de la gracia de Dios ocurriendo cada semana que no podríamos narrar sus historias portentosas en una sola noche. Esas poderosas historias de la provisión de Dios nos llevan a querer cantar otra vez. Antes de que nos demos cuenta, son las 4:30 de la madrugada y ya es hora de prepararnos para la reunión de oración matutina del sábado. Después de la oración, nos despedimos y regresamos a casa regocijándonos.

David solía pasar toda la noche en oración. En los Salmos, él llama a sus reuniones de oración durante toda la noche "vigilias nocturnas":

Recostado, me quedo despierto pensando y meditando en ti durante la noche (Salmos 63:6).

Me quedo despierto durante toda la noche, pensando en tu promesa (Salmos 119:148).

Sin embargo, el pueblo de Dios entonará una canción de alegría, como los cantos de los festivales sagrados. Estarás lleno de alegría, como cuando un flautista dirige a un grupo de peregrinos a Jerusalén, el monte del Señor, a la Roca de Israel (Isaías 30:29).

Cuando Pablo y Silas estaban en la cárcel, no pasaron la noche quejándose; la pasaron cantando y orando. Dios los escuchó y envió un terremoto para liberarlos. También es importante señalar que Pablo y Silas no huyeron de la cárcel, al contrario, dedicaron tiempo a ministrar al carcelero, que estaba angustiado y asustado. Como resultado, el carcelero y su familia llegaron a los pies de Cristo.

Alrededor de la medianoche, Pablo y Silas estaban orando y cantando himnos a Dios, y los demás prisioneros escuchaban. De repente, hubo un gran terremoto y la cárcel se sacudió hasta sus cimientos. Al instante, todas las puertas se abrieron de golpe, ¡y a todos los prisioneros se les cayeron las cadenas! El carcelero se despertó y vio las puertas abiertas de par en par. Dio por sentado que los prisioneros se habían escapado, por lo que sacó su espada para matarse; pero Pablo le gritó: "¡Detente! ¡No te mates! ¡Estamos todos aquí!".

El carcelero pidió una luz y corrió al calabozo y cayó temblando ante Pablo y Silas. Después los sacó y les preguntó:

—Señores, ¿qué debo hacer para ser salvo?

Ellos le contestaron:

—Cree en el Señor Jesús y serás salvo, junto con todos los de tu casa.

Y le presentaron la palabra del Señor tanto a él como a todos los que vivían en su casa. Aun a esa hora de la noche, el carcelero los atendió y les lavó las heridas. Enseguida ellos lo bautizaron a él y a todos los de su casa (Hechos 16:25-33).

La presencia del Señor es lo más importante. Jesús nos prometió que cuando nos reunamos en su nombre, él estará presente (Mateo 18:20). Es fácil pasar la noche cuando el dulce aroma de la presencia de nuestro Señor llena el lugar donde nos estamos congregando.

En muchas partes del mundo, el sábado es un día libre para los trabajadores, pero en Corea es un día laboral normal. Por lo tanto, pasar toda la noche del viernes en oración significa que muchos regresarán a casa y se prepararán para ir a trabajar. Sin embargo, David afirmó que no podía ofrecerle a Dios algo que no le costara nada.[41] Aunque no es fácil pasar la noche en oración, ha sido el medio por el cual hemos podido mantener tanto el avivamiento en la vida personal de nuestros miembros como el que hemos vivido por décadas en nuestra congregación.

> *Cierto día, poco tiempo después,*
> *Jesús subió a un monte a orar*
> *y oró a Dios toda la noche.*
> —Lucas 6:12

John Wesley y George Whitfield fueron tremendos evangelistas y líderes que practicaban la oración durante la noche o temprano en la mañana. Wesley escribe:

Alrededor de las tres de la mañana, mientras continuábamos en oración constante, el poder de Dios vino poderosamente sobre nosotros, tanto que muchos clamaron con gozo extremo, y muchos cayeron al suelo. Tan pronto como nos recuperamos algo de ese asombro y ese privilegio en la presencia de Su Majestad, estallamos en una voz: 'Te alabamos, oh Dios; te reconocemos como el Señor'".[42]

George Whitefield escribe:

Había noches enteras dedicadas a la oración. Con frecuencia, nos sentíamos llenos como de vino nuevo. Y a menudo nos veíamos abrumados por la presencia divina y clamando: "¿Morará Dios realmente con los hombres en la tierra? ¡Qué temible es este lugar! Esto no es otra cosa que casa de Dios y puerta del cielo!".[43]

Algunos de los mayores derramamientos del Espíritu Santo han surgido en vigilias de oración durante la noche. Cuando las personas dedican horas de tiempo a la oración, Dios actúa en maneras poderosas. Cuando una congregación dedica tiempo a orar durante toda la noche y en otros momentos enfocada en el Señor, será bendecida y ha de escuchar a Dios. Él obrará a favor de ella.

"Suba mi oración delante de ti como incienso;
el alzar de mis manos, como la ofrenda de la tarde".
—Salmos 141:2

CUARTA PARTE

Métodos de oración

En esta sección, mi objetivo es darte, querido lector, algunos métodos bíblicamente sanos y útiles que te ayuden en tu vida de oración. Como he viajado por todo el mundo a lo largo de muchos años, estoy muy consciente de ciertas preguntas que se me han hecho acerca de la oración. Cada región del globo tiene su propia lengua, cultura y costumbres; sin embargo, todos somos miembros de un solo cuerpo: el de Cristo. Entendiendo que la metodología puede variar de una parte del mundo a otra, es cierto que hay principios universales que pueden aplicarse en cualquier área geográfica. Asimismo encuentro entre los cristianos un anhelo universal por un avivamiento. Y creo que la clave para el mismo es la oración, por eso compartiré algunos métodos que puedan ayudarnos a conseguir dicho fin.

CAPÍTULO 16

El ayuno y la oración

"¡No! Esta es la clase de ayuno que quiero: pongan en libertad a los que están encarcelados injustamente; alivien la carga de los que trabajan para ustedes. Dejen en libertad a los oprimidos y suelten las cadenas que atan a la gente".

—Isaías 58:6

El objetivo del ayuno es acercarnos a Dios. El ayuno bíblico siempre tiene que ver con eliminar lo que perturba nuestro propósito espiritual; él presiona el botón de reinicio de nuestra alma y nos renueva desde adentro hacia afuera. El ayuno también nos permite celebrar la bondad y la misericordia de Dios, y prepara nuestros corazones para todas las buenas cosas que Dios desea traer a nuestras vidas.[44]

—Chris Hodges

E l ayuno es la abstención voluntaria y deliberada de alimentos con el propósito de dedicarse a la oración enfocada. Por lo general, las personas simplemente se abstienen de ingerir alimentos. Sin embargo, en raras ocasiones y durante períodos cortos, también se abstienen de beber agua.

En el Sermón del Monte, Cristo enseñó a sus discípulos acerca del ayuno. Esa vez nuestro Señor también abordó los motivos del ayuno. Algo que debemos saber es que nunca debemos ayunar para impresionar a otros. Sin embargo, Jesús esperaba que sus discípulos ayunaran. Por eso les dijo: "Cuando ayunen"; observa que no les dijo: "Si ayunan". Jesús es el supremo ejemplo en cuanto al ayuno y la oración:

> Entonces Jesús, lleno del Espíritu Santo, regresó del río Jordán y fue guiado por el Espíritu en el desierto, donde fue tentado por el diablo durante cuarenta días. Jesús no comió nada en todo ese tiempo y comenzó a tener mucha hambre (Lucas 4:1-2).

Después del primer ayuno de Cristo, Lucas registró lo que sigue: "Cuando el diablo terminó de tentar a Jesús, lo dejó hasta la siguiente oportunidad" (v. 13).

El ayuno y la oración en el ministerio de Pablo

La sorprendente historia de la manera en que el apóstol Pablo llegó al Señor se narra en Hechos 9. Después que Jesucristo se le reveló, Pablo no comió ni bebió. Su encuentro con el Señor fue tan impactante que decidió ayunar al inicio de su ministerio.

> Saulo se levantó del suelo, pero cuando abrió los ojos, estaba ciego. Entonces sus acompañantes lo llevaron de la mano hasta Damasco. Permaneció allí, ciego, durante tres días sin comer ni beber. Ahora bien, había un creyente en Damasco llamado Ananías. El Señor le habló en una visión, lo llamó:
> —¡Ananías!
> —¡Sí, Señor!—respondió.
> El Señor le dijo:
> —Ve a la calle llamada Derecha, a la casa de Judas. Cuando llegues, pregunta por un hombre de Tarso que se llama Saulo. En este momento, él está orando. Le he mostrado en visión a un hombre llamado Ananías que entra y pone las manos sobre él para que recobre la vista.

—¡Pero Señor! —exclamó Ananías—. ¡He oído a mucha gente hablar de las cosas terribles que ese hombre les ha hecho a los creyentes de Jerusalén! Además, tiene la autorización de los sacerdotes principales para arrestar a todos los que invocan tu nombre.

El Señor le dijo:

—Ve, porque él es mi instrumento elegido para llevar mi mensaje a los gentiles y a reyes, como también al pueblo de Israel; y le voy a mostrar cuánto debe sufrir por mi nombre (vv. 8-16).

Pablo testificó a la iglesia de Corinto que comprobó su ministerio a través de sus disciplinas espirituales:

En todo lo que hacemos, demostramos que somos verdaderos ministros de Dios. Con paciencia soportamos dificultades y privaciones y calamidades de toda índole. Fuimos golpeados, encarcelados, enfrentamos a turbas enfurecidas, trabajamos hasta quedar exhaustos, aguantamos noches sin dormir y pasamos hambre. Demostramos lo que somos por nuestra pureza, nuestro entendimiento, nuestra paciencia, nuestra bondad, por el Espíritu Santo que está dentro de nosotros y por nuestro amor sincero. Con fidelidad predicamos la verdad. El poder de Dios actúa en nosotros. Usamos las armas de la justicia con la mano derecha para atacar y con la izquierda para defender (2 Corintios 6:4-7).

Pablo estaba acostumbrado a ayunar y orar. Es interesante observar que el "insomnio" que posiblemente tuviera, se debía al hecho de pasar noches en oración.

En las reuniones públicas, la iglesia primitiva ayunaba y oraba para conocer la voluntad de Dios. El Espíritu Santo pudo dirigir claramente a los primeros creyentes:

Entre los profetas y maestros de la iglesia de Antioquía de Siria se encontraban Bernabé, Simeón (llamado "el Negro"), Lucio (de Cirene), Manaén (compañero de infancia del rey Herodes Antipas) y Saulo. Cierto día, mientras estos hombres adoraban al Señor y ayunaban, el Espíritu Santo dijo: "Designen a Bernabé y a Saulo para el trabajo especial al cual los he llamado". Así que, después de pasar más tiempo en ayuno y oración, les impusieron las manos y los enviaron (Hechos 13:1-3).

Cuando Bernabé y Pablo fundaban nuevas iglesias, enseñaban a los creyentes la misma práctica de ayuno y oración que habían experimentado en Antioquía:

Después de anunciar las buenas noticias en aquella ciudad y de hacer muchos discípulos, Pablo y Bernabé regresaron a Listra, a Iconio y a Antioquía, fortaleciendo a los discípulos y animándolos a perseverar en la fe. "Es necesario pasar por muchas dificultades para entrar en el reino de Dios", les decían. Cada iglesia nombró líderes religiosos, y con oración y ayuno los encomendaron al Señor, en quien habían creído (14:21-23).

El versículo anterior muestra que la oración y el ayuno eran parte vital para obtener dirección del Espíritu Santo antes de ordenar el liderazgo de la iglesia. El ayuno, combinado con la oración, permitió a la iglesia primitiva tener claridad mental y espiritual sobre la cual establecer sus fundamentos.

El ayuno combinado con la oración no solo trae claridad mental y espiritual; nos permite escuchar mejor la voz del Espíritu Santo y ser sensibles a su guía. También es importante para obtener victorias espirituales y materiales. Vemos un ejemplo perfecto de esto en el Antiguo Testamento.

Josafat, el rey de Judá, recibió un informe de que un gran ejército se estaba reuniendo para atacarlo. El ejército venía de

Moab y Amón. En Corea del Sur, entendemos lo que es tener un ejército hostil amontonado en nuestra frontera. Las amenazas y los intentos de intimidación hacen que la gente en Corea del Sur esté constantemente en alerta. Esta es una forma común en que "el enemigo" o "un adversario" elige debilitar a su objetivo. En vez de tratar de luchar con armamentos, Josafat decidió usar sus recursos espirituales.

De modo que proclamó un ayuno nacional. Todos se reunieron: hombres y mujeres, niños y jóvenes. Todos ayunaron y rogaron la intervención del Señor. El resultado de esa oración y ese ayuno nacional fue que Dios obtuvo una victoria gloriosa. Dios le dio instrucciones al rey acerca de cómo luchar contra el enemigo. Estoy seguro de que ninguna otra batalla había sido librada de esa manera. Josafat designó a unos cantantes para que se ubicaran delante el ejército y alabaran al Señor.

Cuando el enemigo vio eso, la confusión entró en su campamento y comenzaron a pelear entre ellos. A los israelitas les tomó tres días recoger los despojos de la batalla. Dios les había dado la victoria sin recurrir a armas físicas (ver 2 Crónicas 20:1-30).

Cómo prepararse para ayunar

Cuando comenzamos un ayuno, debemos adoptar la actitud mental adecuada. No debemos ver el ayuno como un castigo, aunque nuestros cuerpos puedan resistirse al principio. Debemos considerar el ayuno como una preciosa oportunidad para acercarnos más a nuestro Señor, sin distracciones por la preocupación diaria que ocasiona el hambre. También debemos ver el ayuno como un medio para enfocar nuestras oraciones de manera perfecta. Eso hará que Dios escuche y se mueva a nuestro favor. El ayuno, cuando se ve de esta manera, será mucho más fácil de practicar.

Por lo general, yo (Dr. Cho) enseño a las personas a comenzar ayunando solo tres días. Una vez que se hayan acostumbrado a los ayunos de tres días, podrán hacerlo durante siete días;

luego podrán avanzar a ayunos de diez días. Algunos incluso han ayunado durante cuarenta días, pero eso no se recomienda usualmente.[45]

> *El deseo es fundamental*
> *para la oración.*

Hemos visto que el ayuno y la oración hacen que uno se vuelva mucho más sensible espiritualmente a nuestro Señor, lo que produce más poder para combatir las fuerzas de Satanás. ¿Cómo funciona eso?

El deseo de alimentarse es básico para todas las criaturas vivientes. Es una de las fuerzas motivacionales más poderosas que operan en el organismo, incluso antes del nacimiento. Los bebés nacen con el instinto natural de buscar el pecho de la madre. Si podemos combinar ese intenso anhelo natural con nuestro deseo espiritual natural de tener comunión con nuestra fuente espiritual, entonces el resultado es una intensidad mucho mayor. Este es el propósito de la oración y el ayuno. Al combinar nuestros deseos naturales y espirituales, podemos presentar nuestras peticiones ante el trono de Dios con tanta sinceridad, intensidad y urgencia que él escuchará y responderá.

En su folleto *7 pasos básicos para un ayuno y oración exitosos*, el fallecido Bill Bright escribe:

"Si te humillas sinceramente ante el Señor, te arrepientes, oras y buscas el rostro de Dios; si meditas constantemente en su Palabra, experimentarás una conciencia más elevada de su presencia (Juan 14:21). El Señor te dará percepciones espirituales frescas y nuevas. Tu confianza y tu fe en Dios se fortalecerán. Te sentirás renovado mental, espiritual y físicamente. Verás respuestas a tus oraciones".[46]

¡Por lo tanto, cuanto más fuerte sea el deseo, más efectiva será la oración!

Deléitate en el Señor y él te concederá los deseos de tu corazón (Salmos 37:4).

Por eso les digo: Crean que ya han recibido todo lo que estén pidiendo en oración y lo obtendrán (Marcos 11:24).

En mi experiencia, en el primer día de ayuno, no hay efectos significativos en mi cuerpo. En el segundo día, el hambre aumenta de manera un poco más dramática. En el tercero y cuarto días, el organismo comienza a exigir alimento y siento los efectos físicos completos de la abstinencia. Después del quinto y sexto días, el cuerpo se adapta a las nuevas circunstancias y me siento mejor. En este punto, el cuerpo es más eficiente en cuanto a descomponer las grasas corporales almacenadas. Después del séptimo día, los dolores por el hambre desaparecen, aunque el cuerpo se debilita mucho. Sin embargo, llega una sorprendente e inusual claridad de pensamiento y una gran sensación de libertad en la oración.

La respuesta de Dios a nuestro compromiso

Cuando ayunamos, Dios responde a nuestra sinceridad al humillarnos de manera voluntaria. Su misericordia y su gracia se liberan mediante la humillación espontánea y la aflicción del alma en el individuo, la comunidad y la nación. Como vemos en muchos casos en el Antiguo Testamento, Dios peleó por Israel cuando ellos se humillaron ante él.

Satanás siempre trata de llegar a nosotros, hasta que sucumbimos a nuestros deseos carnales. Él no puede con la sangre de Cristo, pero podemos darle acceso a través de nuestras actividades pecaminosas. Pablo llamó a Satanás "príncipe" y "potestad del aire" (Efesios 2:2), es decir, de la atmósfera alrededor de la tierra. La epístola de Judas dice:

De la misma manera, llevadas por sus delirios, estas personas contaminan su cuerpo, desprecian la autoridad y maldicen a los seres celestiales. Ni siquiera el arcángel Miguel, cuando argumentaba con el diablo disputándole el cuerpo de Moisés, se atrevió a pronunciar contra él un juicio de maldición, sino que dijo: "¡Que el Señor te reprenda!". Estas, en cambio, maldicen todo lo que no entienden; y como animales irracionales, lo que entienden por instinto es precisamente lo que los corrompe (Judas 8-10)

Ambos versículos destacan algo muy significativo acerca de nuestro adversario, el diablo. Satanás es un príncipe que posee un considerable poder. Judas también afirma que el diablo no puede ser tratado a la ligera, como algunos cristianos suelen hacer. Aunque su poder en cuanto a lo que le pertenece a Dios ha sido destruido, sigue siendo un oponente terrible.

Jesús nos informó: "Ya no hablaré más con ustedes, porque viene el príncipe de este mundo. Él no tiene ningún dominio sobre mí" (Juan 14:30). En otras palabras, Satanás no tiene capacidad para crear un ataque contra Jesucristo. Jesús destruyó por completo el poder del enemigo, de forma tal que este es incapaz de atentar contra nuestro Señor. El enemigo atacará a la iglesia, a ti y a mí, y a nuestras familias. Sin embargo, nuestra defensa es Jesucristo, que ganó la batalla en la cruz. Debemos vivir de tal manera que el príncipe de este mundo no tenga base para atacarnos.

Antes de la Segunda Guerra Mundial, Alemania desarrolló una red de agentes leales en muchos países de todo el mundo. Hitler sabía que necesitaría aliados fieles para que su plan de conquista mundial tuviera éxito. Hitler llamó a ese grupo de hombres y mujeres la "quinta columna". Debemos asegurarnos de que no tengamos una quinta columna en nosotros que sea leal a Satanás. Hábitos pecaminosos, llamados "pecados secretos" o comportamientos, la pornografía, la falta de perdón, el odio y otras cosas más pueden sensibilizar nuestras vidas al ataque del enemigo. Si nos permitimos un comportamiento pecaminoso en nuestras vidas, somos un gran objetivo.

Beneficios del ayuno y la oración

A través del ayuno y la oración, puedes enfocar el poder de la oración en tus propias pasiones: las pasiones de la carne, las pasiones de los ojos y el orgullo de la vida. Cuando controlas el impulso de comer al ayunar, descubres que tienes una mayor fuerza para resistir la tentación, guardar tu lengua (lo que dices) y controlar tus pensamientos. Además, tendrás una mayor fuerza y comprensión de que puedes llevar una vida santa y pura en la presencia de Dios. A través de la oración y el ayuno, la cabeza de playa —o fortaleza— de Satanás puede ser destruida. Por lo tanto, cuando el príncipe de este mundo venga, no encontrará lugar en ti.

Rompe los yugos

El resultado práctico del ayuno y la oración es la religión pura y sin mácula que llegas a vivir:

> "El ayuno que he escogido,
> ¿no es más bien romper las cadenas de injusticia
>   y desatar las correas del yugo,
> poner en libertad a los oprimidos
>   y romper toda atadura?
> ¿No es acaso el ayuno compartir tu pan con el hambriento
>   y dar refugio a los pobres sin techo,
> vestir al desnudo
>   y no dar la espalda a los tuyos?" (Isaías 58:6-7)

El ayuno puede romper las cadenas de maldad. Puede liberar a los oprimidos y traer una liberación absoluta.

Es por eso que se nos ordena "desatar las correas del yugo ... romper toda atadura [yugo]". El yugo es una carga que te pesa y puede hasta abrumarte. No estamos destinados a llevar ese tipo de carga. Cuando sentimos cargas pesadas en nosotros mismos o en otros, debemos saber que podemos destruirlas a través del ayuno y la oración. Ya sea en la salud, los negocios o las relaciones familiares, esas cargas pueden ser aliviadas.

Ayuda a otros

No es raro ver personas que ayunan y oran por otros. Muchos tienen amigos, familiares o compañeros de trabajo por quienes oran. Cuando ayunamos y oramos por otra persona, a menudo vemos milagros manifestarse en sus vidas. Además, cuando la persona se entera de que has estado ayunando y orando por ella, eso toca profundamente su corazón. Si no son cristianos, muchas veces eso abre su corazón a Jesús.

Perdón y sanidad

Porque si perdonan a otros sus ofensas, también los perdonará a ustedes su Padre celestial. Pero si no perdonan a otros sus ofensas, tampoco su Padre perdonará a ustedes las suyas (Mateo 6:14-15).

Muchos han sido perjudicados por sus socios comerciales, sus amigos e incluso miembros de su familia y de su iglesia. Muchas personas buscan justicia, tal como la perciben en su situación. Si no obtienen la justicia que creen adecuada a sus circunstancias, se vuelven resentidas y son presas de la amargura. Muchas de ellas podrían desarrollar síntomas físicos directamente atribuibles a su actitud rencorosa. Desarrollan una raíz de amargura que libera veneno en sus sistemas y sufren angustia tanto mental como física.

Una mujer me dijo cierta vez: "Pero, es que tengo razón. ¡Mi esposo es culpable! ¡Lo odio!". "Sí, hermana —respondí—. Pero usted es la que está sufriendo de artritis y la está dejando incapacitada". Su odio y falta de perdón por su esposo la estaban haciendo miserable y afectando su salud.

Si hemos sido perjudicados, ¡debemos perdonar! ¡Aunque no tengamos deseos de perdonar, debemos hacerlo! ¡Si la parte ofensora no pide perdón, igual debemos perdonar! Perdona y entrega el dolor o el rechazo a Dios.

Puedes orar: *Señor, los perdono y te los entrego. Tú conoces el dolor que me causaron, confío en que los trates de la mejor manera que consideres.*

Jesús es el ejemplo perfecto. Mientras estaba en la cruz, nadie le estaba pidiendo perdón a Cristo. De hecho, se burlaban de él y lo atormentaban. Sin embargo, Jesús dijo: "Padre, perdónalos". Por lo tanto, el perdón no es opcional; ¡es obligatorio! No es una acción ocasional; es un estilo de vida. Perdonar a la persona que te ha perjudicado libera al Espíritu Santo para llevar convicción a aquel que te ha causado el problema. Nada escapa a los ojos de nuestro Padre celestial. Él conoce las intenciones o motivos del corazón. El Espíritu Santo puede convencer a las personas de pecado, justicia y juicio.

La mujer que no podía perdonar a su esposo había estado casada por muchos años. Su esposo la dejó y entonces se fue a vivir con otra mujer. La responsabilidad de su familia y su propia manutención era muy difícil para ella, tanto en lo financiero como en lo emocional. Así que acudió a mi oficina buscando sanidad de su parálisis.

El Espíritu Santo me instó a preguntarle:

—¿Ha perdonado a su esposo?

Sollozando, con lágrimas corriendo por sus mejillas, respondió:

—¡No puedo! ¡Lo odio!

—Debe perdonarlo. Eso eliminará su espíritu de amargura, el cual podría estar impidiendo su sanidad. También liberará la mano del Espíritu Santo en su vida.

Después de un tiempo, decidió perdonar a su esposo; entonces regresó a orar y ayunar en la Montaña de Oración. Un domingo después, luego de uno de nuestros servicios, escuché un golpe en la puerta de mi oficina. Invité a la persona que tocaba a entrar. Un hombre con aspecto muy serio entró primero, seguido por la mujer a la que había estado aconsejando.

—Pastor, este es mi esposo, por el cual hemos estado orando —dijo ella y volviéndose al hombre, con lágrimas de alegría fluyendo por su rostro, afirmó—: Por favor, dile al pastor qué pasó.

—Pastor Cho, ¿cree usted que Dios puede perdonarme? —preguntó él—. Soy muy pecador —hizo una pausa y continuó—. Hace una semana empecé a sentirme muy culpable mientras estaba en casa con la otra mujer. No podía soportar el dolor que sentía por dentro. De repente, comencé a pensar en mi esposa y en mis hijos, a quienes había abandonado. Al no poder liberarme de la culpa que sentía, pensé en suicidarme. A medida que se acercaba el domingo, decidí venir a la iglesia, con la esperanza de ser perdonado y sentirme mejor. Al llegar vi a mi esposa sentada al otro lado del auditorio. Fue entonces cuando decidí pedirles perdón a ella y a Dios. ¿Podrá él perdonarme?

—Sí, claro que puede perdonarlo —respondí.

Luego lo dirigí a repetir la oración de arrepentimiento del pecador y él aceptó a Jesucristo como su Salvador. ¡Qué alegría fue ver a aquellas dos personas reunidas en Jesucristo!

Un tiempo más tarde, mientras la mujer seguía ayunando y orando, pudo levantarse de su silla de ruedas y ser sana. Sin embargo, ya había sido sanada internamente a través del perdón. El perdón sanó primeramente el interior para luego sanar externamente, al cuerpo, mediante una operación divina.

No queremos decir que todos los que estén paralizados o discapacitados sufran debido a la falta de perdón. Sin embargo, muchos podrían ser sanados si solo aprendieran a perdonar.

Si tienes problemas para perdonar a alguien, no dejes que el orgullo se apodere de ti y te impida obedecer la Palabra de Dios. Decídete a ir más allá, deja de lado tu actitud de autojustificación y perdona a esa persona. Entonces experimentarás la liberación de tus hostilidades y te sentirás mucho mejor.

"Dios se opone a los orgullosos, pero da gracia a los humildes" (1 Pedro 5:5)

Si estás enfrentando problemas con no tener suficiente gracia en tu vida, podría ser que estés apoyándote en tu orgullo y no en la gracia de Dios. ¿Qué tienes que perder, excepto la amargura, el resentimiento y posiblemente la mala salud?

> La oración de fe sanará al enfermo y el Señor lo levantará. Y si ha cometido pecados, sus pecados se le perdonarán. 16 Por eso, confiésense unos a otros sus pecados y oren unos por otros, para que sean sanados. La oración del justo es poderosa y eficaz (Santiago 5:15-16).

Los psicólogos, médicos y psiquiatras concuerdan en que las actitudes mentales de sus pacientes afectan su salud física y mental, así como su capacidad para convertirse en personas saludables.

Por tanto, ¡ahora es el momento para que el cuerpo de Jesucristo, la iglesia, sea sanado! Dios revela su opinión en 3 Juan: "Querido hermano, oro para que te vaya bien en todos tus asuntos y goces de buena salud, así como prosperas espiritualmente" (v. 2). La clave para obtener bendiciones espirituales, físicas, emocionales, relacionales y materiales está vinculada a que nuestra alma (mente) prospere a través del perdón.

El ayuno y la oración, combinados con el perdón, generarán un mayor grado de salud en la iglesia. Ese es el vehículo que Dios quiere usar para traernos avivamiento, de modo que debemos ser herramientas saludables y útiles en manos del Espíritu Santo, nuestro ayudador.

Tenemos un gran desafío por delante. La confusión, el conflicto, las amenazas de guerra, las hambrunas, el potencial colapso económico global y mucho más han provocado temor en muchos. Alguien ha dicho que la iglesia (el cuerpo de Cristo) brilla con más intensidad en los momentos más oscuros. Lo que debemos hacer en este tiempo es disponernos a perdonar, a sacrificarnos, a obedecer y a comprometernos. Necesitamos ponernos a disposición del Espíritu Santo para hacer todo lo que esté a nuestro alcance y así ser instrumentos del avivamiento personal que impactará a los que nos rodean.

Puedes impactar a tu familia, tus amigos y a tu iglesia. Tu actitud perdonadora y obediente será ejemplo para muchos. La paz en la que caminarás será evidente para los demás, y también aprenderán que el ayuno y la oración incluye el perdón.

Pero tú, cuando ayunes, perfúmate la cabeza y lávate la cara para que no sea evidente ante los demás que estás ayunando, sino solo ante tu Padre, que está en lo secreto; y tu Padre, que ve lo que se hace en secreto, te recompensará.
—Jesús, citado en Mateo 6:17-18

La espera en el Señor: meditación y oración

Esta fue la oración y confesión que hice al Señor: "Señor, Dios grande y temible, que cumples tu pacto de fidelidad con los que te aman y obedecen tus mandamientos".
—Daniel 9:4

Entrégate a la oración, a la lectura y a la meditación de las verdades divinas; esfuérzate por penetrar hasta el fondo de ellas y nunca te contentes con un conocimiento superficial.
—David Brainerd[47]

Meditación —el acto de contemplar o reflexionar sobre algo o alguien— es una modalidad integral e importante de la oración. Exige disciplina, ya que la mente tiende a divagar en muchas cosas. Las acciones que efectuamos se ven afectadas por nuestra voluntad, la que a su vez incide —en gran medida— en nuestro pensamiento; por lo tanto, si podemos dirigir nuestro pensamiento (en modo de contemplación), podemos controlar nuestras acciones.

Ejemplos bíblicos de meditación

A continuación veremos algunas ilustraciones en cuanto a la meditación extraídas de la Palabra de Dios.

Enoc fue profeta en una época en la que se conocían las historias sobre el jardín, es decir, la experiencia de Adán y Eva con el Señor al frescor de la tarde en el huerto del Edén. Enoc profetizó acerca de un día que aún está por llegar: la segunda venida de Jesucristo, ocasión en la que él ha de ejecutar juicio sobre la tierra: "Miren, el Señor viene con millares y millares de sus santos, para someter a juicio a todos y para reprender a cada uno de los pecadores impíos por todas las malas obras que han cometido, así como por las injurias que han proferido contra él" (Judas 14-15). Sin embargo, Génesis dice: "Después del nacimiento de Matusalén, Enoc anduvo fielmente con Dios trescientos años más y tuvo otros hijos y otras hijas. En total, Enoc vivió trescientos sesenta y cinco años, y como anduvo fielmente con Dios, un día desapareció porque Dios se lo llevó" (Génesis 5:22-24). ¿Qué pasó con Enoc? Este hombre, durante su ministerio, aprendió a caminar con Dios, el cual disfrutó tanto de la compañía de Enoc que "se lo llevó" (v. 24). Dios se llevó a Enoc para poder disfrutarlo todo el tiempo. Pero, él está esperando la segunda venida de Cristo, cuando Enoc será uno de los innumerables santos que regresarán con el Señor, el juez justo.

Dios le dio el secreto de ese éxito y esa prosperidad a Josué cuando le dijo: "Recita siempre el libro de la Ley y medita en él de día y de noche; cumple con cuidado todo lo que en él está escrito. Así prosperarás y tendrás éxito" (Josué 1:8). Dios esperaba que Josué reflexionara en la Palabra. No le dijo simplemente que meditara sobre cualquier cosa, sino que dirigiera la fuerza de su mente a algo tangible.

David,[48] el hombre conforme al corazón de Dios, oró:

Sean, pues, aceptables ante ti mis palabras y mis meditaciones oh Señor, mi roca y mi redentor (Salmos 19:14).

David se sintió motivado a alabar al Señor constantemente con sus salmos porque se permitió meditar en la bondad de Dios con su vida.

Mi alma quedará satisfecha
  como de un suculento banquete,
y con labios jubilosos te alabará mi boca.
En mi lecho me acuerdo de ti;
  pienso en ti en las vigilias de la noche.
A la sombra de tus alas canto de alegría,
  porque tú eres mi ayuda (Salmos 63:5-7).

De acuerdo al profeta Isaías, la forma de mantener la paz perfecta es meditar constantemente en el Señor:

Al de carácter firme lo guardarás en perfecta paz,
  porque en ti confía (Isaías 26:3).

El apóstol Pablo también comprendió la importancia de meditar en algo específico, no solo en términos generales. Al escribirle a su discípulo Timoteo, le dijo: "No descuides el don que hay en ti, que te fue dado mediante profecía con la imposición de las manos del presbiterio. Medita en estas cosas; entrégate por completo a ellas, para que tu progreso sea evidente a todos" (1 Timoteo 4:14-15). Pablo instruyó a Timoteo a que se entregara por completo al llamado ministerial que le había sido dado por el Espíritu Santo. La forma en que podía lograr esa devoción total era a través de la meditación.

Cómo meditar en la Palabra de Dios

Cuando meditas, debes enfocar tu mente —de forma clara— en el tema sobre el cual deseas reflexionar. Con frecuencia, los cristianos comienzan a meditar en el Señor, pero permiten que sus mentes divaguen sin control. A fin de cuentas, se quedan dormidos o se aburren. La razón de eso es que Dios espera que meditemos específicamente en algo, no solo en generalidades.

Para concentrar tus facultades mentales en un tema específico, durante un periodo prolongado, debes deleitarte en ese asunto: "Bienaventurado el varón ... que en la ley de Jehová está su delicia, y en su ley medita de día y de noche" (Salmos 1:1-2 RVR1960).

Para meditar con éxito en algo, también debes estar motivado. Debes ver el beneficio que obtendrás de aquello en lo que estás meditando. Si te deleitas en la Palabra de Dios, entonces meditarás en ella con gusto y recibirás un mayor conocimiento y comprensión: "Mi boca hablará con sabiduría; la reflexión de mi corazón será muy inteligente" (Salmos 49:3).

Cuando te prepares para un estudio bíblico o pienses en cómo hacer una presentación ante un grupo de personas, asegúrate de incluir una verdad de la Palabra. Medita en ese versículo específico y pide al Espíritu Santo que te ayude a entender esa verdad.

Cuando yo (Dr. Cho) preparo un sermón o una enseñanza, le pido a Dios que ilumine mi mente para conocer la del Espíritu Santo, que fue quien escribió la Palabra de Dios. Después de terminar el esquema, medito en el mensaje que voy a compartir con el pueblo de Dios. Desde la introducción hasta la conclusión, a través de cada uno de los puntos, el Espíritu Santo me da un entendimiento fresco de lo que significa la Palabra y cómo aplicarla para satisfacer las necesidades de los que escucharán el mensaje. Aunque nuestra iglesia tiene cientos de miles de asistentes los domingos, así como muchos que escuchan el sermón retransmitido en diferentes países, creo que el Espíritu Santo conoce la necesidad de cada individuo y la satisfará a través del mensaje ungido por el Espíritu.

Al meditar, sabré qué decir y cuándo decirlo. Más tarde, me entero de algo que se dijo y que satisfizo la necesidad específica de alguien que escuchaba el mensaje. ¿Cómo supe exactamente qué decir? Yo no lo supe, pero el Espíritu Santo lo sabía y lo trasmitió —a mi mente— mientras yo meditaba en el sermón.

No solo puedes meditar en la Palabra en cuanto a los mensajes que enseñas, también puedes meditar en cualquier nueva dirección u oportunidad de la que hayas tomado conciencia. Algunas nuevas oportunidades pueden parecer muy atractivas para la mente racional. Sin embargo, puede haber trampas u obstáculos en el camino que quizás no conozcas. Puedes confiar en la paz de Dios que estará presente en tu corazón cuando seas paciente y esperes la aprobación divina. Cuando medites en una decisión importante, el Espíritu Santo te guiará.

Además, cuando sigues la voluntad de Dios, experimentas la paz de Dios, que está más allá de la comprensión humana (Filipenses 4:7). A menudo, esa paz está más allá de toda explicación: sabes que el Espíritu Santo te está dirigiendo específicamente a detenerte o avanzar, esperar o seguir adelante, hablar o callar. Cuando surja algo que podría perjudicarte a ti o al trabajo que estás haciendo para el Señor, el Espíritu Santo te lo muestra quitándote la paz: sientes cierta confusión acerca de una decisión, incertidumbre o una sensación de incomodidad en tu espíritu. Por tanto, espera la paz de Dios.

> *Vivimos, de hecho, en un mundo hambriento de soledad, silencio y privacidad; y por lo tanto, hambriento de meditación y amistad verdadera.*
> —C. S. Lewis

Para tener una meditación exitosa, primero debemos serenarnos ante Dios. A medida que permanecemos quietos, la confusión que nos rodea como personas ocupadas se disipa y estamos listos para meditar. He descubierto que se necesitan, al menos, treinta minutos para aquietarse ante el Señor. Es por eso que la disciplina es indispensable para convertirse en un guerrero de oración exitoso. No podemos permitir que los conflictos internos perturben nuestro espíritu. No podemos permitir que los problemas externos afecten nuestra paz. Debemos mantener un corazón tranquilo ante Dios para experimentar una meditación genuina.

El libro de Isaías tiene una interrupción muy natural que surge como resultado de un cambio en la dirección del profeta mientras medita en la Palabra de Dios. A medida que Dios completa sus juicios en el capítulo 39, luego comienza a consolar a Israel en el capítulo cuarenta, que concluye con principios divinos:

Él fortalece al cansado
  y acrecienta las fuerzas del débil.
Aun los jóvenes se cansan, se fatigan,
  los muchachos tropiezan y caen;
pero los que confían en el Señor
  renovarán sus fuerzas;
levantarán el vuelo como las águilas,
  correrán y no se fatigarán,
  caminarán y no se cansarán (vv. 29-31)

El principio predominante en este versículo es que nuestra fuerza natural no es suficiente para efectuar una tarea. Lo que se necesita es una fuerza superior a la juventud y la habilidad natural. Los que están dispuestos a esperar en el Señor pueden estar calificados para realizar la gran tarea que tienen ante ellos, porque la fuente de su fuerza no es natural, sino espiritual.

Con este fin trabajo y lucho fortalecido por el poder de Cristo que obra en mí (Colosenses 1:29).

Vivimos en un mundo muy acelerado en el que hay constantes interrupciones y obstáculos. Las redes sociales y el desarrollo de la inteligencia artificial solo aumentarán. La urgencia (o adicción) por buscar constantemente en internet o responder a las demandas de un teléfono celular o cualquier tipo de mensaje es un desafío para muchos. Recuerda, los teléfonos, el correo electrónico, las redes sociales y el internet no te controlan. ¡Tú debes controlarlos! Puedes optar por disciplinar tu tiempo y lo que haces. Pasar tiempo con el Dios que te creó en meditación está más allá de cualquier forma de comunicación creada por el hombre.

Hoy, muchas personas están tan ocupadas que tienen poco tiempo para orar o esperar ante el Señor meditando. No pueden escuchar la voz interna del Espíritu Santo, porque no es una voz fuerte. Elías se dio cuenta de eso:

Y allí se metió en una cueva, donde pasó la noche. Y vino a él palabra de Jehová, el cual le dijo: ¿Qué haces aquí, Elías? Él respondió: He sentido un vivo celo por Jehová Dios de los ejércitos; porque los hijos de Israel han dejado tu pacto, han derribado tus altares, y han matado a espada a tus profetas; y sólo yo he quedado, y me buscan para quitarme la vida. Él le dijo: Sal fuera, y ponte en el monte delante de Jehová. Y he aquí Jehová que pasaba, y un grande y poderoso viento que rompía los montes, y quebraba las peñas delante de Jehová; pero Jehová no estaba en el viento. Y tras el viento un terremoto; pero Jehová no estaba en el terremoto. Y tras el terremoto un fuego; pero Jehová no estaba en el fuego. Y tras el fuego un silbo apacible y delicado. Y cuando lo oyó Elías, cubrió su rostro con su manto, y salió, y se puso a la puerta de la cueva. Y he aquí vino a él una voz, diciendo: ¿Qué haces aquí, Elías? (1 Reyes 19:9-13).

Elías aprendió que la instrucción no vino de las manifestaciones ruidosas de un terremoto, ni del fuego ni del viento; más bien, Dios la dirigió a través de un "susurro suave".[49]

En su excelente libro titulado *Susurro*, Mark Batterson destaca numerosos escenarios en la Biblia donde aparecen esos "susurros":

- Para Abraham, fue el roble de Mamre.[50]
- Para Isaac, fue el pozo fuera de Najor.[51]
- Para Jacob, fue Betel.[52]
- Para Moisés, fue un arbusto ardiente.[53]
- Para Josué, fue Guilgal.[54]
- Para Gedeón, fue el roble en Ofra.[55]
- Para Samuel, fue el tabernáculo en Silo.[56]
- Para David, fue la cueva de Adulam.[57]
- Para Elías, fue el monte Carmelo.[58]

- Para Mardoqueo, fue la puerta del rey en la ciudadela de Susa.[59]
- Para Ezequiel, fue el río Quebar.[60]
- Para Daniel, fue una ventana en el piso de arriba que daba hacia Jerusalén.[61]
- Para Jonás, fue el vientre de una ballena.[62]

Ahora bien, seamos claros en algo antes de continuar: Dios puede manifestarse en cualquier lugar, en cualquier momento y de cualquier manera.

El susurro de Dios, "un susurro suave", es algo a lo que puedes volverte sensible *si te concentras y te enfocas en escuchar*. Eliminar el ruido en nuestras mentes, los planes, las personas, las preocupaciones, lo que hemos leído, visto y escuchado, es una disciplina que ciertamente podemos lograr en nuestras vidas.

La manera de escuchar la voz de Dios es aquietarse y meditar. ¡Si estamos demasiado ocupados para meditar, estamos demasiado ocupados para escuchar su voz! No debemos ser indiferentes en cuanto a escuchar la voz del Señor. Siempre debemos recordar que Dios ya ha dicho todo doctrinalmente en la Escritura. Nunca escucharemos algo de Dios que contradiga la Biblia revelada e inspirada. El canon de las Escrituras se cerró con el último capítulo del Apocalipsis, que advierte a todos los que escuchan sus palabras: "Si alguien añade algo a ellas, Dios añadirá a esa persona las plagas descritas en este libro" (22:18).

Disfruta la presencia de Dios a través de la meditación

Uno de los aspectos de la meditación que se pueden disfrutar es lo que yo (Dr. Cho) llamo "dar un paseo espiritual". En esos momentos, frecuentemente medito en la bondad de Dios y disfruto de su presencia. Cuando comienzo la caminata, realmente no pienso en nada específico. También disfruto meditar o esperar en el Señor sin ningún propósito determinado. Simplemente me siento en la presencia de Dios y lo disfruto. No hay nada que desee. Solo lo quiero a él. Entonces me quedo solo y me siento en una silla cómoda, cierro los ojos y espero en el Señor. Puede que no escuche nada. Puede que no sienta nada. Pero siempre me siento renovado después de pasar ese tiempo con mi precioso Señor. Encuentro que ese tipo de refrigerio espiritual puede durar horas.

C. Austin Miles escribió un himno cuyo coro refleja lo que experimento usualmente:

Él camina conmigo, y habla conmigo,
    y me dice que soy suyo;
La alegría que compartimos mientras permanecemos allí,
    nadie más la ha conocido jamás.[63]

Desarrollar una estrecha comunión con el Señor ha agudizado mi espíritu y me ha hecho superar los ataques de Satanás. Nada es más importante para mí que ese tiempo de compañerismo sin restricciones que tanto disfruto. A muchos de los miembros de la iglesia les gusta ir a la Montaña de Oración para disfrutar este tipo de comunión y meditación. Otros tienen un lugar especial en su hogar que es tranquilo. Dónde medites no es muy relevante. Lo importante es que, simplemente, medites en el Señor y en su Palabra. ¡Te hablará en cualquier lugar!

Mark Batterson nos recuerda que la palabra hebrea para "susurrar" —*demamah*—, que puede traducirse "silencio", "quietud" o "calma", es la misma expresión hebrea que se usa para describir la forma en que Dios nos libra de nuestra angustia:[64] "Calmó la tormenta hasta convertirla en un susurro y aquietó las olas" (Salmos 107:29). Y ese salmo presagia la forma en que Jesús detendría una tormenta en seco con estas palabras: "¡Silencio! ¡Cálmate!" (Marcos 4:39).

> Quiera él agradarse de mi meditación; yo,
> por mi parte, me regocijo en el Señor.
> —Salmos 104:34

CAPÍTULO 18

Persevera en la oración

Entonces me dijo: "No tengas miedo, Daniel. Tu petición fue escuchada desde el primer día en que te propusiste ganar entendimiento y humillarte ante tu Dios. En respuesta a ella estoy aquí. Pero durante veintiún días el príncipe del reino de Persia se me opuso, así que acudió en mi ayuda Miguel, uno de los principales príncipes. Y me quedé allí, con los reyes de Persia. Pero ahora he venido a explicarte lo que va a suceder a tu pueblo en el futuro, pues la visión se refiere a un tiempo aún por venir".
—Daniel 10:12-14

No hay otra manera en que el creyente pueda involucrarse tan plenamente en la obra de Dios, sobre todo en la del evangelismo mundial, como la oración intercesora ... Cuando el guerrero de oración intercede, olvida sus propias necesidades y concentra toda su fe y su atención orando por los demás. Interceder es mediar. Es ponerse entre un alma perdida y un Dios todopoderoso, orando para que esa persona llegue a conocer a Dios y obtenga su salvación.[65]
—Dick Eastman

Cierta vez, una persona me (Dr. Cho) preguntó: "¿En qué forma puedo orar por una o dos horas?".

Después de escuchar una de mis enseñanzas sobre la oración, esa persona sintió deseos de orar más. Me dijo que había sentido la necesidad de orar muchas veces antes. Comenzó, pero sus momentos de oración solo duraron unas pocas semanas. Luego volvió a unos breves momentos de oración cuando se sentía abrumado o bajo estrés.

A menudo escucho historias similares. Las personas comienzan a orar durante períodos prolongados. Sin embargo, debido a los afanes de la vida, llevan eso a esporádicos momentos de oración breve.

Yo sugeriría que la mayoría de los cristianos oren unos *treinta minutos al día*. Demasiados llevamos vidas ocupadísimas y las presiones que sufrimos han hecho que muchos deseen respuestas instantáneas a oraciones rápidas. Otros compran libros o utilizan internet para encontrar fórmulas y atajos con el fin de obtener respuestas a sus oraciones, sin considerar que lo más importante es la disciplina coherente de un tiempo de oración diario.

Soy deudor de los misioneros estadounidenses que me han brindado ayuda invaluable. Corea del Sur está muy agradecida con su nación por la tremenda asistencia que nos ha brindado. Sin embargo, mis preocupaciones por Estados Unidos son significativas, ya que la mayoría de los cristianos se conforma con un breve tiempo de oración en vez de enfocarse en una disciplina diaria que los dirija a orar extensamente, por ejemplo, de una a dos horas al día. Lo más peligroso, sin embargo, es esto: los pastores llevan vidas tan ocupadas que sus tiempos de oración son muy breves.

Según una encuesta del Pew Research Center, muchos estadounidenses dicen que cada día es un día de oración. Más de la mitad (55 por ciento) de los estadounidenses dicen que oran todos los días, mientras que el 21 por ciento afirma que lo practica semanal o mensualmente, y el 23 por ciento indica que rara vez o nunca ora. Incluso entre aquellos que no tienen afiliación religiosa, el 20 por ciento dice que ora a diario. Las mujeres (64 por ciento) son más propensas que los hombres (46 por ciento) a orar todos los días. Y los estadounidenses de 65 años o más tienen muchas más probabilidades que los adultos menores de 30 años de decir que oran todos los días (65 por ciento frente al 41 por ciento).[66]

Hoy en día, las personas están acostumbradas al café instantáneo, las curas instantáneas, las noticias al instante, los mensajes de texto, los correos electrónicos y las entregas rápidas al ordenar un producto en línea. Las cosas hoy están encapsuladas, ya sean medicamentos, vitaminas, estudios bíblicos o incluso predicaciones. En vez de salir a cenar tranquilamente con la familia, la mayoría parece ir a su restaurante de comida rápida favorito y comer en su automóvil.

> *Si no controlas tu tiempo,*
> *alguien o algo más lo hará.*
> *—Wayde Goodall*

Los cristianos también han sido afectados por este fenómeno sociológico moderno. Himnos hermosos que declaraban la majestuosidad de Dios eran populares en nuestras iglesias hace algunos años. Ahora muchas iglesias han dejado a un lado sus himnarios y están utilizando coros con las letras en una pantalla. Por favor, no pienses que digo que los coros son malos. Pero deberíamos tener los de antes combinados con los de ahora. Solíamos cantar "Dulce oración"; ahora les pedimos a las personas que digan "una palabra de lo que sientan". Quizás la razón por la que no estamos experimentando un avivamiento en tantas vidas es que no estamos dispuestos a orar más tiempo.

Aprende a perseverar en oración

Al aprender a orar, no debemos tener prisa. Dios no la tiene y tampoco nuestras necesidades, deseos, sueños, visiones, y la maravillosa gracia que nos ha dado en Cristo. Debemos aprender a esperar en la oración hasta que Dios responda.

Nuestras vidas han sido muy agitadas, llenas de presiones y decisiones importantes que debemos tomar. Yo (Dr. Cho) tengo tremendas responsabilidades en numerosas áreas del ministerio que Dios me ha confiado. Los momentos prolongados de oración son cruciales para mí, aunque sé que Dios me ayudará en cada situación que se cruce en mi camino.

Levantarme temprano cada mañana me ayuda a tener el tiempo necesario para orar. En mis horas matutinas, siento la fuerza que la oración temprana me ha brindado. Puedo ministrar a otros y siento más su unción divina. Puedo aconsejar mejor, porque percibo su sabiduría. Puedo enseñar acertadamente, porque siento su conocimiento. Por lo tanto, no soy yo, es Dios trabajando a través de mí para cumplir su propósito.

Por lo general, me levanto a las cinco de la mañana para orar. Me levanto físicamente de la cama, porque si me quedo en ella puedo volver a dormirme. Voy a mi oficina y me siento delante del Señor, y comienzo a adorarlo y a agradecerle por su bondad. David solía entrar a las puertas de Dios de esta manera:

> Entren por sus puertas con acción de gracias; vengan a sus atrios con himnos de alabanza. ¡Denle gracias, alaben su nombre! (Salmos 100:4).

Después de agradecer, alabar y adorar a Dios, puedo pedir su bendición para cada reunión, sesión de consejería y cita que tendré ese día. Detalladamente, pido las bendiciones de Dios para mi familia, las personas que me ayudan y los ancianos y diáconos (líderes) de la iglesia. Luego le ruego al Señor su dirección en cada decisión, según el Salmo 32:8: "Yo te instruiré, yo te mostraré el camino que debes seguir; yo te daré consejos y velaré por ti". Cuando desarrollamos esa relación personal e íntima con nuestro Señor, él nos dirige de manera tranquila y sencilla "velando por nosotros". Esto no sucede de la noche a la mañana; lleva tiempo desarrollar periodos de oración más prolongados. En la misma medida en que deseemos ser guiados, debemos invertir el tiempo para orar.

Cuando termino de orar por cada área de la iglesia, por cada funcionario del gobierno y por nuestra defensa nacional, oro por mi familia, nombro sus necesidades de manera clara y específica ante el Señor. A medida que continúo orando, ruego por Japón (donde he estado muy involucrado en el ministerio). Oro para que las personas acudan a Cristo. Como asiáticos, los japoneses aceptan mi ministerio a través de la televisión y las visitas personales para ministrarlos. Se necesitan finanzas para hacer nuestra obra en Japón; por lo tanto, le pido a Dios que supla cada necesidad financiera. En la oración, he sentido que Dios me ha prometido que diez millones de almas japonesas llegarán a sus pies. Sigo recordándole su promesa y le pido su fortaleza, además de su orientación, para ver cumplida esta meta. Creo intensamente que diez millones de japoneses van a doblar sus rodillas ante Jesucristo, puedo visualizarlos en mi mente.

Luego me traslado —en mis oraciones— a Estados Unidos de América. Oro por el presidente, el Congreso, la Corte Suprema y otras instituciones de esa nación. Oro por los cristianos allá, para que puedan sentir el avivamiento en sus vidas y en las iglesias a las que asisten. Oro por los miles que nos envían sus peticiones de oración desde Estados Unidos o Canadá. Ambos países son naciones clave, que serán influyentes en el gran avivamiento mundial que está por venir. Dios me ha dado la carga de ver el avivamiento en los Estados Unidos y Canadá.

Después mis oraciones se dirigen a América Latina. He viajado por varios países de esa región y he sido profundamente conmovido y bendecido por la hermosa gente de esa parte del mundo. Dios está moviéndose en algunos de esos países, pero están bajo ataque del enemigo. Por lo tanto, deben ofrecerse oraciones por la paz en esa región para que el evangelio pueda ser predicado y los pecadores salvos.

Mis oraciones luego se dirigen a Europa. He estado enseñando en ese continente hace muchos años. Amo cada país en el que he predicado. Europa es el semillero del evangelio en Occidente; sin embargo, en la mayoría de esa región, no hay señales de avivamiento. Sin embargo, sé que Dios quiere moverse allá, por lo que intercedo por ellos en el Espíritu Santo. Europa oriental ha sufrido mucha opresión y oposición. Dios se preocupa por los creyentes de ese lugar, e igualmente oro por su seguridad y su éxito.

Luego, enfoco mis oraciones en Australia, África y Nueva Zelanda, porque sé que Dios desea moverse poderosamente en esas áreas del mundo. Siento una relación especial con esos lugares, siempre están en mi espíritu cuando oro.

Por último, ruego por mi propio continente: Asia. De todos los pueblos no alcanzados en el planeta, creo que los asiáticos son los más necesitados en términos del evangelio. De todos los lugares que nunca han recibido el evangelio, Asia y el norte de África son los primeros. Me siento particularmente cargado por mi propio continente. Hemos estado involucrados en muchos ministerios en China, de los cuales no puedo dar detalles. Los creyentes allí sufren persecución. Oro por ellos y para que Dios muestre su poder y su sabiduría poderosos, ya que la mayoría de los creyentes allá son testigos dedicados del evangelio de Jesucristo.

La mayoría de los grupos humanos que aún no han recibido el evangelio viven en lugares que se extienden por los mapas del norte de África y Asia. El estratega y especialista en misiones cristianas Luis Bush, comenzó a llamar a esa área o banda rectangular "ventana 10/40". Usó ese nombre fácil de recordar porque se extiende desde el Oeste de África al Este de Asia, desde el grado diez hasta el grado cuarenta al norte del Ecuador.[67] Como puedes ver, solo orar diariamente por todas las grandes necesidades que existen en el cuerpo de Cristo en todo el mundo tomará al menos la mitad de mi tiempo de oración temprano en la mañana.

Por último dedico tiempo para orar por mí mismo. Antes que me percate, son las siete de la mañana y debo prepararme para ir a la oficina de la iglesia.

En la tarde, después del almuerzo, me vuelvo a aquietar delante del Señor. ¿Por qué? Porque, como embajador suyo que soy, necesito instrucciones actualizadas de mi comando de operaciones. David dijo:

En la noche, en la mañana y al mediodía, clamo angustiado y él me escucha (Salmos 55:17).

Por la noche, mi día termina en oración. Tengo mucho por lo cual agradecerle, ya que diariamente él me muestra su fidelidad. Mañana traerá nuevos desafíos, en los cuales tendré la gracia de Dios para triunfar. Si he fallado en alguna manera, le pido a Dios más gracia y sabiduría; si he tenido éxito, le doy la alabanza.

El valor de la oración persistente

La vida no sería valiosa sin horas de oración diaria. Nadie sabe qué problemas enfrentaría yo (Dr. Cho) si no orara a diario. Desde que he sido pastor de la iglesia más grande del mundo, sé que Satanás intenta destruirme todos los días. Si él pudiera tentarme a tomar un atajo en mi vida de oración, sería vulnerable a sus ataques. No puedo permitirme perder ni siquiera una hora de mi tiempo de oración, porque sé que esta es la fuente de mi fuerza interior.

Uno de los mayores problemas que la gente tiene al prolongar su vida de oración es que no están dispuestos a repetir la oración por la misma cosa a diario. Piensan que orar por algo una vez es suficiente. Sin embargo, comemos, dormimos y respiramos todos los días. Dios le dio maná a Israel en el desierto todos los días. El maná del día no duraba más de veinticuatro horas. Jesús dijo: "Danos hoy el pan nuestro de cada día".[68] No dijo que acumuláramos pan para no necesitarlo de nuevo. La comida que ingerimos ayer no satisfará la necesidad de hoy. La última respiración que exhalamos tendrá que repetirse o de lo contrario moriremos. De la misma manera, necesitamos comunicación diaria con nuestro Salvador.

¿Orarás conmigo con el fin de que tengas mayor deseo, fuerza y disciplina para orar por más tiempo? Imagínate una mayor efectividad en tu vida, en tu familia, en tu negocio, en tu iglesia,

en tu educación y en cualquier área en la que necesites éxito si
—y solo *si*— te dedicas a prolongar tu tiempo de oración.

> Por eso, desde el día en que lo supimos, no hemos
> dejado de orar por ustedes. Pedimos que Dios les haga
> conocer plenamente su voluntad con toda sabiduría
> y comprensión espiritual, para que vivan de manera
> digna del Señor, agradándole en todo. Esto implica dar
> fruto en toda buena obra, crecer en el conocimiento
> de Dios y ser fortalecidos en todo sentido con su
> glorioso poder. Así perseverarán con paciencia en toda
> situación y con mucha alegría darán gracias al Padre.
> Él los ha facultado para participar de la herencia de los
> creyentes en el reino de la luz. Él nos libró del dominio
> de la oscuridad y nos trasladó al reino de su amado Hijo,
> en quien tenemos redención y perdón de pecados.
> —Colosenses 1:9-14

CAPÍTULO 19

Ora en el Espíritu Santo

¿Qué debo hacer entonces? Pues orar con el espíritu, pero también con el entendimiento; cantar con el espíritu, pero también con el entendimiento.

—1 Corintios 14:15

Los léxicos muestran que la idea originaria de la palabra [intercesión] es "hallarse por casualidad, encontrarse accidentalmente". Por lo tanto, expresa un encuentro fortuito y no planificado entre las partes. Esa definición parece sin sentido a menos que tomemos en consideración las estrategias de Dios para la oración ... El [Espíritu Santo] actúa (1) trayendo a la mente personas o circunstancias por las que debemos orar, y (2) suscitando oraciones que alcanzan el objetivo exactamente.

Es decir, Dios mismo sabe cuándo claman los corazones por su intervención, de forma que el Espíritu Santo impulsa la oración que mueve la mano de Dios en favor de ellos.[69]

—Jack Hayford

El apóstol Pablo testificó: "Doy gracias a Dios porque hablo en lenguas más que todos ustedes" (1 Corintios 14:18). Le estaba hablando a una iglesia que necesitaba corrección con respecto al uso excesivo de manifestaciones espirituales. Al hacer eso, les hablaba en su propio lenguaje de oración, el cual dominaba más que cualquier otra persona en la iglesia de Corinto. Pablo fue motivado por el amor de Dios mientras oraba por ellos y les brindaba corrección.

La importancia de orar en el Espíritu

¿Por qué es importante que oremos en el Espíritu Santo? Pablo enseñó: "El que habla en lenguas se edifica a sí mismo" (1 Corintios 14:4). Judas también reafirma este principio: "Ustedes, queridos amigos, deben edificarse unos a otros en su santísima fe, orar en el poder del Espíritu Santo" (v. 20 NTV). Por lo tanto, orar en tu lenguaje de oración es el medio por el cual puedes edificarte espiritualmente.

Yo (Dr. Cho) encuentro que mi lenguaje de oración es una gran bendición espiritual para mí. Si no pudiéramos beneficiarnos de orar en el Espíritu Santo, Dios nunca nos habría dado este precioso don. Jesucristo dijo antes de ascender al cielo: "Estas señales acompañarán a los que crean: en mi nombre expulsarán demonios, hablarán en nuevas lenguas" (Marcos 16:17).

Cuando era más joven, no podía ver la importancia de hablar en lenguas en mi vida cristiana. Sin embargo, cuanto más sigo a Jesucristo, más siento la tremenda importancia de las lenguas en mi ser. Dedico una buena parte de mi vida de oración a orar en mi lenguaje espiritual. Al igual que Pablo, oro en el Espíritu, y también oro con mi entendimiento.

En público, prefiero orar en un idioma que todos puedan entender. Sin embargo, en mi tiempo particular de oración, uso mucho mi lenguaje de oración espiritual. La Escritura establece: "Porque el que habla en lenguas no habla a los demás, sino a Dios. En realidad, nadie entiende lo que dice, pues habla misterios por el Espíritu" (1 Corintios 14:2). Puesto que Pablo dijo que nadie puede entender tu lenguaje de oración excepto Dios, las fuerzas espirituales opuestas, como las que experimentó Daniel, no pueden perturbar tu oración. Tu espíritu puede comunicarse sin obstáculos, directamente con el Padre, a través del Espíritu Santo.

A veces, siento una carga de oración, pero puede que no sepa exactamente por qué debo orar, o puede que no tenga las palabras precisas para expresar lo que siento. Ese es el momento en que entro en mi lenguaje espiritual y puedo superar mi incapacidad natural para expresarle a Dios lo que siento. Puedo entrar directamente en la presencia de mi Padre en el Espíritu Santo.

Ustedes, queridos amigos, deben edificarse unos a otros en su santísima fe, orar en el poder del Espíritu Santo…
—Judas 20 NTV

Al igual que al construir un edificio, puedes sentir que tu fe realmente se está fortaleciendo al orar en el Espíritu Santo. "El que habla en lenguas se edifica a sí mismo, pero el que profetiza edifica a la iglesia" (1 Corintios 14:4). La palabra utilizada para "edifica" es personal, es decir, incluye nuestro ser interno, como nuestras emociones, convicciones, fortaleza y un compromiso más profundo y un mayor amor.

Deseo fortalecer la fe y la esperanza dentro de mí y en las personas a las que hablo y aconsejo. Dedico mucho tiempo a fortalecer mi propio nivel de fe orando en el Espíritu Santo. Cuando las personas perciben mi fe y esperanza, también se sienten alentadas a tener más fe y esperanza. ¡La fe es contagiosa!

Entiendo que muchos hermanos y hermanas evangélicos en Cristo no han utilizado este importante don espiritual. Por favor, entiendan que no son cristianos de segunda clase por no hacerlo. Digo esto porque a veces escucho o siento que algunos cristianos llenos del Espíritu tienen esa opinión. Si eres uno de ellos, por favor, no categorices a tus hermanos y hermanas en Cristo. Vive como ejemplo; ámalos mientras sigues a Jesús de todo corazón. Creo que el Espíritu Santo hoy está acercando espiritualmente a todos los cristianos. Es posible que no todos estemos de acuerdo, es posible que no todos veamos la importancia de usar el lenguaje de oración espiritual, pero no podemos descartar su uso en el Nuevo Testamento. Este libro sobre la oración no podría escribirse sin compartir honestamente contigo cómo este lenguaje de oración es tan útil para nosotros.

Hay una lucha interna en la vida de cada cristiano. El espíritu está constantemente en guerra contra la carne. Al fortalecerte espiritualmente, encontrarás fuerza para vencer la carne, que intenta arrastrarte hacia abajo.

Historias acerca de orar en el Espíritu

Recibo muchas cartas y correos electrónicos. Una carta fue de un técnico de construcción coreano en Singapur. Él se lamentaba de lo débil que era y de cómo había decidido muchas veces dejar de fumar, dejar de usar lenguaje inapropiado, alejarse del mal y llevar una vida justa. Tan a menudo, desde que se convirtió en cristiano, lo intentó pero continuó fallando. ¿Qué podía hacer para fortalecerse espiritualmente? Preguntó: "¿Qué podría ayudar a este tipo de cristiano débil?"

La respuesta que le di fue el desarrollo de un lenguaje de oración espiritual. Cuando aprenda a orar en el Espíritu Santo, el Espíritu Santo lo edificará espiritualmente hasta el punto en que podrá superar todas las tentaciones de la carne.

> Así mismo, en nuestra debilidad el Espíritu acude a ayudarnos. No sabemos qué pedir, pero el Espíritu mismo intercede por nosotros con gemidos que no pueden expresarse con palabras (Romanos 8:26).

Pablo nos enseñó que ¡el Espíritu Santo mismo intercede por nosotros! Dado que orar en el Espíritu Santo implica usar nuestro lenguaje de oración, la forma de fortalecernos, de ayudar a nuestra debilidad, es orar en nuestro lenguaje de oración. El Espíritu Santo conoce nuestras necesidades espirituales mejor que nosotros. Él usará nuestra propia lengua para orar por nuestra necesidad. ¡Alabado sea el Señor por el Espíritu Santo!

> *Donde hay mucha oración, habrá mucho del Espíritu; donde hay mucho del Espíritu, habrá una oración en constante aumento.*
> *—Andrew Murray*

Uno de los líderes de grupo celular en nuestra iglesia experimentó un evento inusual en la oración que destaca esto. La líder del grupo celular cerró con llave la puerta de su apartamento y se dirigió a la casa donde se llevaba a cabo la reunión. A un par de cuadras de su casa, sintió algo inusual en su corazón. Estaba profundamente cargada. Cayendo de rodillas, comenzó a orar. Pronto, dejó de orar en su idioma natural (coreano) y comenzó a orar en su lenguaje de oración. Después de un rato, la carga comenzó a disiparse y supo que había sido escuchada y que la respuesta estaba en camino.

En la reunión, predicó a su grupo celular con una fuerte unción del Espíritu Santo. Después de la reunión, regresó a casa y descubrió que habían entrado a robar. El ladrón había revuelto la ropa por todo el suelo en busca de cosas de valor. Sin embargo, algo extraño había sucedido. Sus joyas y dinero en efectivo, que no estaban escondidos, estaban intactos. De alguna manera, el ladrón había sido cegado ante las cosas obviamente valiosas en su apartamento. Creemos que cuando ella estaba orando, el Espíritu Santo vio la necesidad y la llevó a orar. Mientras el Espíritu Santo intercedía por ella, el ladrón se vio obstaculizado para robar cualquier cosa de valor. ¡Dios vio y Dios respondió!

Durante la guerra en Vietnam, muchos de los jóvenes de nuestra iglesia se unieron a sus aliados estadounidenses en la selva de ese país. Muchos de sus padres venían a mí y decían: "Pastor, no sabemos cómo orar ni por qué orar. ¡Por favor, ayúdanos porque no conocemos la condición de nuestros hijos!".

Mi respuesta era: "¿Por qué no le pedimos a Dios que use nuestro lenguaje de oración, ya que no sabemos por qué orar?".

Por lo tanto, oramos: "Querido Padre celestial, usa nuestro lenguaje de oración y ora a través de nosotros por nuestros hijos. Por favor, satisface las necesidades de nuestros hijos hoy. Tú sabes dónde están. Tú conoces su condición". Pronto, todos estábamos orando en nuestro lenguaje de oración, y continuaríamos orando hasta que la carga se aliviara. A veces, algunos de los padres seguían orando en el Espíritu durante días, hasta que la carga se aliviaba. Testifico para la alabanza y la gloria de Dios que durante la guerra en Vietnam, ninguno de los jóvenes de nuestra iglesia murió. Las balas podían estar volando, ¡pero el Espíritu Santo protegía a nuestros hijos!

Por eso no descuido lo que Dios me ha dado con gracia. Te pido que ores acerca de esta importante forma de oración. Pídele a Dios que te muestre cómo puedes ser protegido, edificado y fortalecido por el Espíritu Santo de una manera nueva. ¡Para aquellos que oran en el Espíritu Santo, por favor, no apaguen al Espíritu en sus vidas! "Dad gracias en todo, porque esta es la voluntad de Dios para con vosotros en Cristo Jesús. No apaguéis al Espíritu. No menospreciéis las profecías, examinadlo todo, retened lo bueno" (1 Tesalonicenses 5:18-21).

Estar en la brecha a través de la oración

Para ser un intercesor espiritual, debemos tener el deseo de estar en la brecha. Interceder significa literalmente "ponerse en medio". Debemos estar dispuestos a ponernos entre la necesidad y Dios, el único capaz de satisfacer nuestra necesidad.

También debemos estar dispuestos a ser utilizados por el Espíritu Santo en la oración en momentos y lugares inesperados. Debemos estar dispuestos a ser utilizados por el Espíritu Santo para orar por necesidades de las que no estamos conscientes de forma natural. La necesidad podría estar en otra parte del mundo, pero el Espíritu Santo puede desear usarnos para suplir esa necesidad a través de la oración. Dios busca personas dispuestas a ser usadas por él. Para ser un intercesor exitoso, también debes estar dispuesto a orar en el Espíritu Santo.

CAPÍTULO 20

La oración de fe

En realidad, sin fe es imposible agradar a Dios, ya que cualquiera que se acerca a Dios tiene que creer que él existe y que recompensa a quienes lo buscan.
—Hebreos 11:6

El aire es al soplo de vida lo que la oración a la fe.
—Yonggi Cho

L a fe es el ingrediente especial que llena la oración de poder y de resultados. Si oramos sin fe, simplemente estamos emitiendo sonidos. Esas oraciones no pasan del techo. La Biblia dice: "Sin fe es imposible agradar a Dios, ya que cualquiera que se acerca a Dios tiene que creer que él existe y que recompensa a quienes lo buscan" (Hebreos 11:6). Cuando nos acercamos a Dios en oración, debemos hacerlo con una actitud llena de fe. Dios no considera la fe en la oración como algo opcional; debemos tener fe al orar para que nuestras oraciones sean escuchadas.

¿Cómo podemos desarrollar la oración de fe? A fin de contribuir al desarrollo de tu fe en la oración, veremos algunos principios que te ayudarán a enfocarte, creer y tener la certeza de que Dios escucha tus oraciones.

La fe debe dirigirse claramente hacia un objetivo

Enfocarse en un objetivo o meta específica es muy importante. Así como un cohete disparado desde un lanzador de misiles tiene un objetivo definido —la computadora del cohete tiene las coordenadas aseguradas— también deben estar dirigidas nuestras oraciones de fe. Cuando oramos por un hijo que ha decidido vivir mal, debemos orar específicamente para que regrese al buen camino y se arrepienta de su comportamiento incorrecto para entonces llevar una vida recta.

Un hombre me preguntó una vez: "Pastor Cho, por favor, ore para que el Señor me bendiga".

A lo que respondí: "¿Qué tipo de bendición deseas? Hay miles de bendiciones en la Biblia. Debes ser específico para obtener respuestas. Si no lo eres, ¿cómo sabrás cuándo Dios te ha respondido?".

Si tienes una necesidad financiera, no digas: *¡Señor, necesito dinero, así que por favor ayúdame!* Si necesitas 10.000 dólares, pide esa cantidad específica. Si necesitas $927, no pidas $1.000. Pide la cantidad exacta que requieres. Ora específicamente así: *Señor, necesito $10.000 para pagar mis cuentas pendientes y te pido que, por favor, me envíes esos $10.000 para que pueda pagar las cuentas y tu siervo no sea avergonzado.*

Dios siempre ha respondido a las oraciones directas y específicas. Todo lo que hace tiene un plan y un propósito. En Génesis 1 y 2, la Biblia explica que Dios creó el universo en intervalos de tiempo específicos llamados días. Cuando instruyó a Moisés a que construyera un tabernáculo, le dio instrucciones claras. Moisés no tuvo que decidir cuántos codos de largo y ancho debía tener la tienda (un codo es la longitud entre el codo y la punta del dedo); al contrario, se le dijo exactamente cuánto debía medir. Dios es un Dios preciso y desea que oremos de manera puntual.

"La fe es la certeza de lo que se espera, la convicción de lo que no se ve" (Hebreos 11:1). La fe es la "sustancia de las cosas que se esperan" (RVA). La fe no es la sustancia de cualquier objeto en general, sino de las cosas concretas y definidas que se esperan. Además, la fe es la evidencia de eso que se espera, insisto, cosas muy específicas.

La fe hace que tengamos visiones y sueños

Joel profetizó lo siguiente:

"Derramaré mi Espíritu sobre toda la humanidad. Tus hijos e hijas profetizarán, los ancianos tendrán sueños, los jóvenes verán visiones" (Joel 2:28).

¿Por qué ven visiones los jóvenes y los ancianos sueñan sueños? Porque las visiones y los sueños son el lenguaje del Espíritu Santo. En lo referente a la fe de Abraham, Pablo escribió: "Como está escrito: 'Te he confirmado como padre de muchas naciones'. Así que Abraham creyó en el Dios que da vida a los muertos y que llama las cosas que no son como si ya existieran" (Romanos 4:17). Esta epístola amplía no solo la naturaleza de la fe de Abraham, sino también la de su Dios, en el que reposaba su fe. Abraham pudo creer en un Dios capaz de crear e impartir una visión y un sueño acerca de su promesa, a tal punto que lo que no era obvio a los ojos seguía siendo real, por fe. Por lo tanto, Abraham "ante la promesa de Dios no dudó como un incrédulo, sino que se reafirmó en su fe y dio gloria a Dios" (v. 20). Como Dios lo dijo, Abraham lo creyó, sin considerar su incapacidad biológica para procrear a la edad de cien años. Sus visiones y sus sueños eran realidad. Abraham visualizó el cumplimiento de la promesa.

La visualización se está entendiendo, en estos tiempos, entre los psicólogos y los fisiólogos. Ahora se alienta a los atletas a visualizar e imaginar cómo ganarán una carrera, completarán un salto alto o lanzarán una jabalina más lejos. El cuerpo del atleta responde mientras concreta la visualización. Si los atletas tienen una imagen mental deficiente de sus habilidades, su rendimiento es peor de lo normal. Si visualizan el éxito, pueden competir con muchas mejores probabilidades de triunfar.

Una de las mejores jugadoras de tenis es miembro de la junta directiva del movimiento de iglecrecimiento "Church Growth International", y ha sido una tremenda consejera y amiga mía (el

Dr. Cho). Margaret Court es descrita por el Salón Internacional de la Fama del Tenis de la siguiente manera: "Por la pura fuerza del rendimiento y el logro, nunca ha habido un jugador de tenis que se le compare [a ella]". Cuando sostuve una conversación con ella, (Wayde) le pregunté cómo se preparaba para sus partidos de tenis y qué hacía mentalmente para serenarse, dado que era una atleta agresiva. Ella me respondió diciendo que se imaginaba el partido y al jugador, lo veía en su mente, y con cada golpe veía cómo ganaría. Ahora Margaret pastorea una iglesia exitosa en Australia. Ve a los perdidos entrar en el reino de Dios, a los heridos ser sanados y a los adictos ser liberados de sus ataduras. Tiene una gran fe de que Dios actuará mientras ora específicamente por las personas y por el favor de Dios en todo lo que ella y su esposo (Barry) se esfuerzan por lograr.

¿Ves el potencial de tu habilidad para administrar, gestionar, liderar en cualquier área de tu vida en la que desees mejorar? Dios es un Dios de milagros, tú eres su hijo (Juan 1:12), y tienes la mente de Cristo (1 Corintios 2:16). Comienza a ver y escuchar al Espíritu Santo mientras te dedicas a la oración de fe. Él te ayudará a alcanzar las metas que visualices por fe.

En nuestra oración por fe, debemos aprender a visualizar los resultados antes de que Dios los concrete, llamando "las cosas que no son como si fueran" (Romanos 4:17). En muchas ocasiones, he (Dr. Cho) visto en mi espíritu una habitación llena de personas en un edificio determinado. Durante meses o años, he tenido el mismo sueño y creo que Dios desea que camine por fe y crea. Con cada nueva iglesia o ministerio que hemos desarrollado, siempre hubo sueño en mi corazón. También las multitudes de personas que llenan esos edificios y son ayudadas estuvieron en mi corazón por años.

A Abraham se le dijo que mirara las estrellas y las contara por la noche. Así sería su descendencia. Su imaginación fue abrumada por el cumplimiento de su fe. Prácticamente, estaba quedando embarazado con la promesa de Dios. Durante el día, a Abraham se le dijo que subiera a la cima de la montaña y mirara hacia el este, el norte, el sur y el oeste. Todo lo que pudiera ver sería posesión suya. Por lo tanto, su imaginación fue nuevamente impregnada con la promesa de Dios y su visión fue utilizada por Dios para forjar fe.

Como humanos, todavía sabemos poco acerca de cómo funcionan la mente y el cuerpo. Hemos viajado al espacio exterior, pero sabemos muy poco sobre nuestro espacio interior. Si sabemos tan poco acerca de nuestro cuerpo y nuestra mente, menos aún sabemos sobre cómo funciona nuestro espíritu. Muchos consideran la visualización como un nuevo descubrimiento, pero Dios ha revelado este principio en toda la Escritura.

Dios ha prometido "concederte las peticiones de tu corazón" (Salmos 37:4). Como se mencionó en el capítulo "Orar es pedir", tus deseos deben estar alineados con la Palabra de Dios, la Biblia. Muchos han orado por cosas, soluciones o situaciones que simplemente no son bíblicas. No podemos esperar que Dios responda a cualquier oración que vaya en contra de su sagrada y eterna Palabra inerrante.

Por ejemplo, si una joven cristiana ora para casarse con un joven que no es cristiano, ese hombre no es la respuesta a su oración. ¿Por qué? La Palabra de Dios nos dice: "No formen alianza con los incrédulos. ¿Qué tienen en común la justicia y la maldad? ¿O qué comunión puede tener la luz con la oscuridad?" (2 Corintios 6:14). Por lo tanto, no importa cómo ore por ese joven para que sea su esposo, la Palabra de Dios ha establecido el hecho de que Dios no escuchará esa oración. Ella puede orar específicamente, puede usar visiones y sueños de su imaginación, puede reclamar todas las promesas de Dios, pero él solo responde a esas oraciones de acuerdo con la Palabra de Dios revelada, la Biblia.

Dios es el Dios del eterno ahora. Él ve el fin desde el principio. La fe a la que Dios responde es la fe descrita en Hebreos: "Es, pues, la fe la certeza de lo que se espera, la convicción de lo que no se ve" (Hebreos 11:1). Cuando oramos con fe, entramos en el reino tetradimensional de la *fe* de Dios. Vemos los resultados de la promesa que Dios nos hizo como que ya se han hecho. No desmayamos por las circunstancias, que podrían parecer imposibles, sino que entramos en el reposo de Dios y nos mantenemos firmes por la fe y la confianza. Permanecemos firmes, sin vacilar, conscientes de que Dios es fiel para hacer "muchísimo más que todo lo que podamos imaginarnos o pedir" (Efesios 3:20).

No pospongas la respuesta de Dios, pensando: *¡Dios me responderá algún día!* Por fe, debemos llamar a esas cosas que no son (que no se ven o de las que no hay evidencia) como si ya fueran. Para el mundo, eso parece absurdo. Pero nosotros, como seguidores de Jesucristo, tenemos una gran fe en el Dios que es capaz de crear de la nada. Lo que parece "imposible para los hombres" es totalmente posible para Dios (Jesús lo dijo en Lucas 18:27), cuando oramos en fe.

Fíjate en algo curioso, a Abram se le cambió el nombre por Abraham (que significa padre de muchos) antes de que naciera su primer hijo con su esposa Sara. ¿Puedes imaginarte la reacción de todos los que conocían a ese hombre poderoso? Deben haber sacudido la cabeza, preguntándose por qué ese anciano cambiaría su nombre sin tener los resultados de su promesa. Sin embargo, la fe de Abraham no vaciló. Había aprendido a entrar en la fe de Dios y a creer en aquellas cosas que no eran como si ya existieran.

Abraham es llamado el padre de la fe porque la suya era tan dinámica que se convirtió en un ejemplo para todos nosotros. "La frase 'le fue contada' no fue escrita solo para él, sino también para nosotros, a quienes Dios nos contará la justicia; porque creemos en aquel que resucitó de entre los muertos a Jesús nuestro Señor" (Romanos 4:23-24). Podemos aprender y hacer como hizo Abraham; podemos creer en Dios, confiar en él y tener fe.

Elimina todos los obstáculos que nieguen la respuesta de Dios

La oración de fe requiere que continuemos orando hasta que tengamos la certeza, en nuestros corazones, de que Dios nos ha escuchado y que la respuesta está en camino. "Así que la fe es por el oír, y el oír, por la palabra de Dios" (Romanos 10:17 RVR1960). Creemos que este versículo se expresa de manera más precisa en el lenguaje original: "la fe viene por el oír [*akouo*, comprender, entender] y el oír por la palabra de Dios". La fe se libera cuando oramos, cuando entendemos en nuestros corazones que Dios nos ha escuchado y recibimos certeza de que la respuesta está en camino. Si dejamos de orar antes de sentir esa seguridad, es posible que no hayamos generado suficiente fe para obtener respuesta a nuestra oración.

También debemos ser cautelosos con nuestra confesión. A menudo, los cristianos niegan la respuesta a sus oraciones porque comienzan a confesar declaraciones negativas: *Oro, pero no creo que Dios lo haga.*

> *La oración de fe sanará al enfermo*
> *y el Señor lo levantará. Y si ha cometido pecados,*
> *sus pecados se le perdonarán.*
> —Santiago 5:15

Nunca intentes apelar a la compasión de Dios mediante una confesión negativa. Dios no responde a la compasión, pero sí a la fe. Dios no puede ser manipulado por la autocompasión: *¡Nadie parece preocuparse por mí! ¡Sé que fracasaré!*

¡Debemos eliminar la autocompasión y comenzar a avanzar en la fe! Nuestra actitud puede determinar el nivel de fe con el que oramos. Si tu confesión es negativa, ello revela que tu corazón también lo es. Jesús nos dijo que nuestra boca habla de lo que tenemos en el corazón (Mateo 12:34; Lucas 6:45).

No obstante, la confesión positiva te llevará a alabar a Dios por la respuesta, incluso antes de que la recibas o la veas concretarse. Te levantarás por la mañana consciente de que Dios te ha escuchado y comenzarás a confesar promesas positivas de su Palabra, llenando el ambiente de acción de gracias y alabanza. Eso fortalecerá tu fe y Dios actuará a tu favor.

Debemos limpiar todo pecado de nuestras vidas para vivir en la oración de fe. Si estamos viviendo en mentira, la voluntad de Dios es que nos arrepintamos y pidamos su perdón, antes de esperar que él responda nuestras oraciones. Pero "si confesamos nuestros pecados, él es fiel y justo para perdonarnos nuestros pecados y limpiarnos de toda maldad" (1 Juan 1:9). Puedes orar por perdón en este momento, ya que Dios seguramente te perdonará.

¡Si tienes pecado en tu vida, confiésalo al Padre ya! No esperes a que amanezca. Hazlo ahora mismo. Limpia tu corazón ante Dios para que haya un canal transparente de oración entre tú y tu Padre celestial. "Mis queridos hijos, escribo estas cosas para que no pequen. Pero si alguno peca, tenemos ante el Padre a un intercesor, a Jesucristo, el Justo" (1 Juan 2:1).

Dios puede eliminar todos los obstáculos del pecado, la amargura, el odio o el miedo que puedan bloquear la medida de fe que se nos ha dado. Esa medida de fe puede crecer y desarrollarse al punto que podamos orar con fe. Por tanto, ¡es momento de comenzar a orar con fe!

Queridos hermanos, si el corazón no nos condena
y tenemos confianza delante de Dios, recibimos
todo lo que pedimos, porque obedecemos sus
mandamientos y hacemos lo que le agrada.
—1 Juan 3:21-22

CAPÍTULO 21

Cómo oír la voz de Dios

El portero le abre la puerta y las ovejas oyen su voz. Llama por nombre a las ovejas y las saca del redil. Cuando ya ha sacado a todas las que son suyas, va delante de ellas y las ovejas lo siguen porque reconocen su voz.
—Juan 10:3-4

Una de las mayores bendiciones que tiene un verdadero creyente en Cristo es que escucha y conoce la voz de Dios. Es posible escuchar la voz de Dios hoy, tan cierta y claramente, como la oyeron Abraham y Moisés; tan claramente como la escucharon Samuel y David; tan diáfana como la oyeron Pablo, Pedro, los apóstoles y Juan en la isla de Patmos. Dios ha prometido hacer conocer su voz de manera clara una última vez en estos postreros días. Nos ha dado una promesa y una advertencia en cuanto a escuchar su voz. Dios va a reunir a un remanente santo y separado en una Sion espiritual y le hará conocer su voz. "Os habéis acercado al monte de Sion, a la ciudad del Dios vivo, Jerusalén la celestial, a la compañía de muchos millares de ángeles" (Hebreos 12:22 RVR1960).[70]
—David Wilkerson

L a oración es un diálogo, no un monólogo. Para orar de manera efectiva, debemos escuchar a Dios en la misma medida en que hablamos. Como Dios nos ha llamado a una relación de amor, debemos comprender la importancia de lo que implica ese tipo de trato. Ya sea al escuchar la Palabra de Dios con un mejor entendimiento de las Escrituras o al oír su instrucción divina para nuestras vidas, saber cómo escuchar a Dios es extremadamente importante.

Para escuchar la voz de Dios, debemos asumir la actitud adecuada. "El que esté dispuesto a hacer la voluntad de Dios reconocerá si mi enseñanza proviene de Dios o si yo hablo por mi propia cuenta" (Juan 7:17). En este versículo, Jesús nos muestra la importancia de una actitud dispuesta con respecto a la voluntad de Dios. Si no estamos dispuestos a hacer la voluntad de Dios, no podemos escuchar su voz claramente. Nuestro deseo de escuchar la voz de Dios debe estar enmarcado en una actitud dispuesta. ¿Por qué hablaría Dios a alguien que no está dispuesto a obedecer?

Otro principio importante para escuchar a Dios es tener "oídos para oír". Jesús les dijo a sus discípulos: "Presten mucha atención a lo que les voy a decir: El Hijo del hombre va a ser entregado en manos de los hombres" (Lucas 9:44). Los discípulos no entendieron lo que Jesús dijo, aunque lo escucharon físicamente: "Pero ellos no entendían lo que quería decir con esto. Estaba encubierto para que no lo comprendieran y no se atrevían a preguntárselo" (v. 45).

¿Por qué los discípulos no entendieron lo que se les dijo claramente? Porque no tenían oídos para oír. Mientras Jesús realizaba milagros, manifestando el poder del futuro reino, estaban dispuestos a entender al menos las implicaciones temporales de lo que el Maestro enseñaba. Sin embargo, cuando se les dijo que podrían perder a su Mesías y Señor, no quisieron escuchar eso, por lo que no entendían. A los discípulos no les interesaba escuchar la posibilidad de que los enemigos de Jesús lo capturaran; por lo tanto, no escucharon.

Hoy comprendemos que las personas escuchan lo que deciden escuchar. Si la información no es algo que les agrade, el individuo puede decidir no escuchar ni entender. A través de un estudio acerca de la cognición (el proceso mental mediante el cual se adquiere conocimiento), los educadores han descubierto que los estudiantes entienden y retienen mejor lo que están motivados a aprender. Los estudiantes que creen en la importancia de lo que se está diciendo escucharán con más atención.

Tener el oído dispuesto es contar con la capacidad de entender lo que se ha dicho asumiendo la actitud adecuada: obediencia. Si no deseamos sinceramente hacer la voluntad de Dios, no tendremos la capacidad de escucharlo. "El que tenga oídos, oiga lo que el Espíritu dice a las iglesias" (Apocalipsis 3:6). Este versículo se repite varias veces en los capítulos 2 y 3. Implica que no podemos escuchar lo que el Espíritu está hablando a menos que poseamos un oído que pueda oír. No se trata solo de que no deseemos escuchar, sino que debemos tener la disposición para hacerlo.

Cuando escuchamos la voz de Dios, él —a menudo— corrige nuestras actitudes erróneas. Nos aconseja y nos da una dirección clara. Si hemos pecado, el Espíritu Santo nos convence rápidamente de ello y nos guía de vuelta al lugar donde se cometió ese pecado. ¿Cómo desarrollamos el "oído que escucha" para oír lo que el Espíritu Santo nos está diciendo? Debemos desarrollar la obediencia a lo que ya sabemos que es la voluntad de Dios. ¿Por qué debería Dios dirigirnos si no hemos obedecido lo que ya sabemos que nos ha instado a hacer?

Si hay pecado en nuestras vidas, eso nos impide obedecer a Dios. Por tanto, debemos confesar rápidamente ese pecado y ponerlo bajo la sangre de Jesucristo. Eso borra todos los problemas y nos hace volver a una relación amorosa con nuestro Señor; nos habilita para escuchar su voz.

Entender el momento adecuado es muy importante. Dios puede hablarnos, pero debemos conocer su momento. Conocer el momento de Dios requiere disciplina y paciencia.

> Mi Señor y Dios me ha concedido tener una lengua
>   instruida,
>   para sostener con mi palabra al fatigado.
> Todas las mañanas me despierta,
>   y también me despierta el oído,
>   para que escuche como los discípulos (Isaías 50:4).

El contexto de este versículo es muy importante para nosotros cuando estamos aprendiendo a escuchar a Dios y responder a su tiempo. Isaías 50 comienza mostrando el triste estado de Israel. Dios se hizo una pregunta retórica: *¿Por qué?* La respuesta es que cuando Dios quiso visitar a Israel con bendiciones, no pudo encontrar a un hombre dispuesto a ser utilizado. El versículo 4 tiene que ver proféticamente con la venida del Mesías. El principio divino sigue siendo verdadero para todos los que desean escuchar y obedecer la voz de Dios. Por tanto, debemos ser disciplinados (aprender), no solo debemos conocer la palabra correcta, sino que también debemos hablar y obedecer en la temporada adecuada.

El apóstol Pablo deseaba predicar en Asia. Su deseo era difundir el incomparable evangelio de Jesucristo en esa necesitada parte del mundo. Sin embargo, el Espíritu Santo no permitió que fuera. No le permitió viajar a Bitinia (Asia Menor del norte), por lo que Pablo terminó en Troas. Una noche, el Señor lo dirigió a Europa. Esa era la voluntad de Dios. Cientos de años después, el evangelio se predica en Asia Menor del norte, el tiempo es crucial. Además, hoy Asia está siendo impactada por el tremendo crecimiento del cuerpo de Cristo en todo su extensión.

Hace muchos años, cuando me reuní con la persona de fe que fundó la primera red de televisión cristiana en Estados Unidos, me persuadió sobre la necesidad de tener una estación de radio cristiana en Corea. Me explicó que los medios de comunicación (radio y televisión) traerían ventajas tremendas en la difusión del evangelio. Al visitar su hogar, hicimos todos los arreglos. Compramos un costoso equipo y contratamos personal adecuado. Sin embargo, no pude obtener el permiso para avanzar. Aunque persistía en mis oraciones, no nos otorgaban el permiso. No era el momento adecuado. Sin embargo, hoy se transmiten programas de radio y televisión cristiana por toda Corea. ¡El tiempo es oportuno!

Debemos estar dispuestos a obedecer. Un *sí, un no o un "espera"*, como respuesta de Dios, es su voluntad. Él siempre sabe lo que es mejor. Conoce el futuro, los corazones de las personas y el momento perfecto. Nuestra actitud espiritual correcta es obedecer lo que ya sabemos que es la voluntad de Dios. Así que comienza a escuchar atentamente mientras oras, y Dios te guiará por el camino que debes seguir. Aunque requiera tiempo, su instrucción es segura.

> Así es también la palabra que sale de mi boca:
>   No volverá a mí vacía,
> sino que hará lo que yo deseo
>   y cumplirá con mis propósitos (Isaías 55:11).

Dios quiere hombres y mujeres que tengan oídos dispuestos a escuchar lo que el Espíritu Santo dice a la iglesia. Sin embargo, el problema no es que Dios haya dejado de hablar; es que, nosotros, no estamos escuchando su voz. La esencia, y la importancia, de escuchar a Dios yace en el reconocimiento de que Dios es un Padre amoroso y que nosotros somos sus hijos a través de Jesucristo nuestro Señor.

Mi esposa y yo (Dr. Cho) tenemos tres hijos. Sentimos un gran interés por nuestros hijos, nueras y nietos, y entendemos cuán importante es nuestra relación con Dios. Cuando nuestros hijos eran pequeños, comprendimos que, aunque los tres se parecían físicamente, eran muy diferentes en sus personalidades. Cada uno tiene una forma característica de escuchar y asimilar. Dado que tienen edades diferentes, necesitamos dirigirnos a cada uno de manera distinta. Es nuestra responsabilidad comunicarnos con ellos de forma que puedan entender. Cuando hablamos con ellos, no nos dirigimos a nuestro hijo más joven en la misma manera en que lo hacemos con el mayor. Son distintos. Son únicos. Además, sus esposas e hijos también lo son y tienen diversos dones dados por Dios.

Todos somos creados de manera única por Dios, hechos a su imagen y tenemos diferentes personalidades. Nuestro Padre celestial nos conoce íntimamente. Él nos creó y nos hablará de acuerdo a nuestra singularidad. Escucha su voz. Él desea comunicarse con nosotros más de lo que queremos hacerlo nosotros con él. Dios conoce cada uno de nuestros niveles espirituales y nos hablará en consecuencia.

Su Palabra se dirige a nosotros de diversas formas. Jeremías profetizó: "¿No es mi palabra como fuego, dice Jehová, y como martillo que quebranta la piedra?" (Jeremías 23:29 RVR1960). La Palabra de Dios puede dirigirse poderosamente a nosotros como un fuego, encendiendo una respuesta, o como un martillo, rompiendo toda oposición. Sin embargo, también puede dirigirse a nuestras mentes en vez de a nuestras emociones: "Venid luego, dice Jehová, y estemos a cuenta: si vuestros pecados fueren como la grana, como la nieve serán emblanquecidos" (Isaías 1:18 RVR1960).

Cualquiera sea la manera que Dios elija para hablarnos, debemos aprender a escucharlo, recordando que siempre debemos juzgar lo que escuchamos de acuerdo a la Palabra revelada de Dios, la Biblia. El apóstol Juan estaba particularmente preocupado por eso cuando escribió:

> El que obedece sus mandamientos permanece en Dios y Dios en él. ¿Cómo sabemos que él permanece en nosotros? Por el Espíritu que nos dio. Queridos hermanos, no crean a cualquier espíritu, sino sométanlo a prueba para ver si es de Dios, porque han salido por el mundo muchos falsos profetas (1 Juan 3:24—4:1)

El Espíritu Santo es capaz de guiarnos a una sensibilidad espiritual mediante la cual podamos evaluar (juzgar) lo que escuchamos, de forma que distingamos entre la dirección de Dios y las voces humanas o satánicas. ¿Ha de guiarnos Dios? Sí, si permanecemos en él guardando sus mandamientos. Al igual que los cajeros bancarios pueden discernir entre las monedas falsas y las verdaderas porque trabajan con dinero real, así también nosotros podemos discernir la voz de Dios porque permanecemos en él en obediencia.

Sé sensible a la voz de Dios, especialmente durante este tiempo en la historia.

Jesús nos advirtió en cuanto a las voces falsas que serían parte de los últimos días: "Porque surgirán falsos Cristos y falsos profetas que harán grandes señales y milagros para engañar, de ser posible, aun a los elegidos" (Mateo 24:23-24).

Estamos viviendo en los últimos tiempos y cada vez hay más falsos profetas en el mundo. Satanás intentará engañar a la iglesia con muchas voces. Sin embargo, aquellos que aprenden a escuchar a Dios no serán engañados, porque sabrán la diferencia entre la voz de Dios y las voces falsas. Por eso es cada vez más importante aprender a probar los espíritus y ser capaces de distinguir entre la voz de Dios y la engañosa voz del diablo.

Jesús nos recuerda además: "La venida del Hijo del hombre será como en tiempos de Noé. Porque en los días antes del diluvio comían, bebían, se casaban y daban en casamiento, hasta el día en que Noé entró en el arca; y no supieron nada de lo que sucedería hasta que llegó el diluvio y se los llevó a todos. Así será en la venida del Hijo del hombre" (Mateo 24:37-39).

Al tiempo previo a la segunda venida de Jesucristo se le llama "los últimos días". Jesús describe esos tiempos como similares a los días en que Noé construyó su arca. A medida que se acercaba el día del juicio, la gente continuaba actuando como si nada estuviera sucediendo. No eran conscientes de los tiempos en los que vivían.

Hoy vivimos en un época muy parecida a la de Noé, en la que las personas llaman bien al mal y mal al bien. Con sus corazones endurecidos, multitudes de personas en todo el mundo deciden cuál debe ser la verdad (según su opinión) y menosprecian la verdad de Dios. El abuso impresionante de la Palabra revelada de Dios que está barriendo el mundo hoy nos informa que la gente continúa con sus actividades normales, sin saber que el fin de la era está cerca. No están escuchando la voz de Dios, por lo que no estarán listos cuando el Señor venga.

¿Cuán importante es tener una comunicación ungida con el Espíritu Santo a medida que se acerca la segunda venida? Jesús da la respuesta a esta pregunta crucial:

> El reino de los cielos será entonces como diez jóvenes solteras que tomaron sus lámparas y salieron a recibir al novio. Cinco de ellas eran insensatas y cinco, prudentes. Las insensatas llevaron sus lámparas, pero no se abastecieron de aceite. En cambio, las prudentes llevaron vasijas de aceite junto con sus lámparas. Y como el novio tardaba en llegar, a todas les dio sueño y se durmieron. A medianoche se oyó un grito: "¡Ahí viene el novio! ¡Salgan a recibirlo!". Entonces todas las jóvenes se despertaron y se pusieron a preparar sus lámparas. Las insensatas dijeron a las prudentes: "Dennos un poco de su aceite porque nuestras lámparas se están apagando". "No —respondieron estas—, porque así no va a alcanzar ni para nosotras ni para ustedes. Es mejor que vayan a los que venden aceite y compren para ustedes mismas". Mientras iban a comprar el aceite, llegó el novio. Las jóvenes que estaban preparadas entraron con él al banquete de bodas. Y se cerró la puerta (25:1-10).

Cuando aprendamos a escuchar a Dios, conoceremos lo que está haciendo: "En verdad, nada hace el Señor y Dios sin antes revelar sus planes a sus siervos los profetas" (Amós 3:7). Si aprendemos a escuchar a Dios, no seremos tomados por sorpresa en la venida del Señor.

A medida que aprendemos a permanecer en Cristo, a través del Espíritu Santo, no permitiremos que se ágote nuestro aceite. Estaremos vigilantes esperando la segunda venida de Jesucristo.

Estamos viviendo en un tiempo en el que la mayoría de los cristianos en todo el mundo no están conscientes de la tardanza de la hora. Es imperativo que aprendamos a escuchar la voz de Dios a lo largo de nuestro día.

> *Yo te instruiré, yo te mostraré el camino que debes*
> *seguir; yo te daré consejos y velaré por ti.*
> —*Salmos 32:8*

A lo largo de la historia, Dios siempre ha encontrado individuos que se han dejado dirigir por su voz. Adán y Eva "oyeron la voz de Jehová Dios" (Génesis 3:8 RVR1960). Fue el pecado lo que los hizo temer a Dios y esconderse de él: "Oí tu voz en el huerto, y tuve miedo" (Génesis 3:10 RVR1960).

Debido a su fe y su deseo de escuchar a Dios, Abraham se convirtió en el padre de muchas naciones. "En tu simiente serán benditas todas las naciones de la tierra, por cuanto obedeciste a mi voz ... por cuanto oyó Abraham mi voz, y guardó mi precepto, mis mandamientos, mis estatutos y mis leyes" (22:18; 26:5 RVR1960).

Moisés se disciplinó y decidió que no haría nada sin escuchar la voz de Dios:

- Cuando "el sonido de la trompeta era cada vez más fuerte. Entonces habló Moisés y Dios le respondió en el trueno" (Éxodo 19:19).
- "Y Jehová dijo a Moisés..." (v. 21 RVR1960).
- "Moisés dijo a Jehová..." (v. 23).
- "Y Jehová le respondió..." (v. 24 RVR1960).
- "Jehová dijo" (20:1 RVR1960).

Moisés y Dios se hablaban como amigos íntimos.

Estamos muy ansiosos por escuchar de Dios. En este mundo de confusión, conflicto, engaño y actividad demoníaca, necesitamos escuchar su voz apacible. Necesitamos, desesperadamente, escuchar al Espíritu Santo que mora en nosotros. El Espíritu Santo te hablará a lo largo del día, sobre todas tus decisiones y sobre tu futuro. Te instruirá en qué hacer y qué no hacer. Te enfatizará algunos pasajes mientras lees la Biblia y oras. Él es tu consolador, consejero, ayudador y amigo. Escucha, escucha, escucha. Nuestro maravilloso Dios te hablará. Él habla a través de su Palabra, sus discípulos piadosos y las impresiones, visiones y sueños que provee.

> Dios puede comunicarse a través de las Escrituras, la oración u "otros creyentes, a quienes utiliza para animarnos y ayudarnos a entender su voluntad", dice Graham. No importa qué manera elija para comunicarse, revela que "Dios nos ama y sabe lo que es mejor para nosotros, y quiere mostrárnoslo. De hecho, cuando acudimos a Cristo, el propio Dios viene a vivir dentro de nosotros por su Espíritu Santo y, una de las razones es, para guiarnos".[71]
> —Billy Graham, según lo contado a la reportera Katherine Weber.

CAPÍTULO 22

La importancia de la oración colectiva

¿Pueden dos caminar juntos sin antes ponerse de acuerdo?
—Amós 3:3

Los santos que oran son agentes de Dios para llevar a cabo su obra de salvación y providencia en la tierra. Si sus agentes le fallan, descuidando la oración, entonces su obra también falla.
—E. M. Bounds

Cuando oro solo (Dr. Cho), puedo ejercitar mi fe individualmente. Sin embargo, cuando oro en grupo, con mis hermanos y hermanas en Cristo, el poder de nuestra fe aumenta de una manera exponencial.

Moisés le dijo a Israel que uno podía perseguir a mil, pero dos podrían poner en fuga a diez mil (Deuteronomio 32:30). El secreto al que Moisés se refería, ese aumento exponencial —no solo aritmético— de los dos que se mantienen juntos, era la presencia de "la Roca" en medio de ellos.

Jesús afirmó lo mismo cuando les dijo a sus discípulos: "Porque donde dos o tres se reúnen en mi nombre, allí estoy yo en medio de ellos" (Mateo 18:20). Más de un cristiano reunidos en el nombre de Cristo provocan una manifestación automática del cuerpo de Cristo. Eso libera la promesa que dice: "Les aseguro que todo lo que ustedes aten en la tierra quedará atado en el cielo y todo lo que desaten en la tierra quedará desatado en el cielo"

(v. 18). Esta promesa no se le hizo solamente a Pedro, sino a la comunidad cristiana que se mantiene unida en la fe.

Al comienzo de mi ministerio (1969-1973), pasé (Dr. Cho) por una prueba muy difícil. Pensé que me ahogaría en las aguas de la angustia que me rodeaban en aquel momento. Acabábamos de comenzar a construir el santuario de nuestra iglesia para diez mil personas. Además, estábamos construyendo un edificio de apartamentos de gran altura, pero no teníamos los fondos. Y, para colmo, el dólar se había devaluado; lo que provocó una crisis económica en Corea. El embargo petrolero nos hundió aún más en la recesión. La gente, en nuestra iglesia, perdió sus trabajos; por lo que nuestros ingresos se desplomaron. En medio de todo eso, los costos de construcción se dispararon debido a la inflación que siguió. Con mis ojos naturales solo podía ver una cosa: la bancarrota.

Comencé a orar en el oscuro y húmedo sótano sin terminar de nuestra nueva iglesia. Pronto, otros creyentes comenzaron a acompañarme en la oración y, juntos, nuestras oraciones llegaron al trono del cielo, por lo que fuimos liberados. A medida que completamos la construcción, vimos la importancia de la oración en grupo. Miles combinaron su fe para lograr el milagro que se convirtió en la iglesia más grande en la historia del cristianismo.

Hace años, Billy Graham y yo nos reunimos para orar y hablar acerca de alcanzar a Japón con el evangelio. En Ámsterdam, Holanda, el Dr. Graham dijo: "El cristianismo no ha crecido significativamente en Japón en los últimos doscientos años". Me dijo que durante su gran cruzada en Osaka, un líder japonés le dijo que el evangelio nunca se ha hecho realmente claro y relevante para el pueblo japonés. He orado para que diez millones de japoneses se arrodillen ante Jesucristo en busca de salvación. Nuestra iglesia ha convenido orar por Japón y lo está haciendo.

He tenido una carga por la nación de Japón por décadas. Nuestra iglesia también ha desarrollado una fuerte carga por alcanzar a esa nación con el evangelio. Hemos desarrollado un patrón claro, una meta y una estrategia. ¡Creemos que el tiempo para Japón es ahora!

En Mateo 18, Jesús prometió: "Además les digo que, si dos de ustedes en la tierra se ponen de acuerdo sobre cualquier cosa que pidan, les será concedida por mi Padre que está en el cielo. Porque donde dos o tres se reúnen en mi nombre, allí estoy yo en medio de ellos" (vv. 19-20).

Decenas de millones de personas japonesas visitan los santuarios para rendir homenaje a sus ídolos. Esto muestra claramente la fuerza que ha mantenido a esa nación durante muchas décadas. Cuando nosotros oramos, en nuestra iglesia, por la nación de Japón, estamos orando por uno de los bastiones más fuertes de Satanás. Aunque el pueblo japonés es muy educado y civilizado, están atrapados en la red del diablo sin saberlo. Sin embargo, creo que Dios es capaz de libertarlos, y tengo completa confianza en que lo que atamos en oración en esta tierra también está atado en el mundo espiritual en el cielo. ¡Nada nos detendrá para lograr la victoria espiritual en Japón a través de la oración!

Si la progresión exponencial de la fe se cumple, es decir, si uno puede perseguir a mil y dos pueden poner en fuga a diez mil, entonces puedes imaginar cuántos demonios podemos perseguir con fe si oramos con cientos de miles de creyentes por Japón. ¡Cree conmigo, la victoria es nuestra en Cristo! ¡Amén!

¿Qué puede perturbar la oración colectiva?

Cuando Jesús terminó de contar estas parábolas, se fue de allí. Al llegar a su pueblo, comenzó a enseñar a la gente en la sinagoga.

—¿De dónde sacó este tal sabiduría y tales poderes milagrosos? —decían maravillados—. ¿No es acaso el hijo del carpintero? ¿No se llama su madre María y no son sus hermanos Santiago, José, Simón y Judas? ¿No están con nosotros todas sus hermanas? Así que, ¿de dónde sacó todas estas cosas?

Y se escandalizaban a causa de él. Pero Jesús les dijo:

—En todas partes se honra a un profeta, menos en su tierra y en su propia casa.

Y por la falta de fe de ellos, no hizo allí muchos milagros (Mateo 13:53-58).

La incredulidad impidió que toda una ciudad presenciara el poder de Dios a través del Hijo de Dios, Jesucristo. La incredulidad es lo opuesto a la fe. La duda impide que la fe funcione, de modo que la fe que se requiere para orar efectivamente se ve obstaculizada.

Los discípulos sintieron incredulidad cuando intentaron expulsar demonios sin éxito:

Después los discípulos se acercaron a Jesús y, en privado, preguntaron:

—¿Por qué nosotros no pudimos expulsarlo?

—Por la poca fe que tienen —respondió—. Les aseguro que si tuvieran fe tan pequeña como una semilla de mostaza, podrían decirle a esta montaña: "Trasládate de aquí para allá" y se trasladaría. Para ustedes nada sería imposible (17:19-20).

Cuando nos oponemos a las fuerzas de Satanás en oración, no puede haber incredulidad que permanezca. La incredulidad romperá el poder del grupo si se le permite manifestarse durante la oración. Para contrarrestarla, necesitamos entender que las fortalezas demoníacas solo pueden ser derrotadas por la oración creyente y llena de fe.

Nuestro amigo, el Dr. Jim Morocco, escribe: "Hay momentos en los que el poder demoníaco está anestesiado. Si la iglesia actúa en esos momentos, se pueden hacer grandes progresos en el avance del reino. La oración divide las nubes para que la luz de la bendición divina pueda brillar".[72]

La Escritura nos enseña que Abraham recibió la fortaleza para engendrar a Isaac porque no anidó la incredulidad en su corazón: "Tampoco dudó, por incredulidad, de la promesa de Dios, sino que se fortaleció en fe, dando gloria a Dios" (Romanos 4:20 RVR1960). La incredulidad también fue la razón por la cual Israel fue cortado del árbol vivo de la fe: "Por su incredulidad fueron desgajadas, pero tú por la fe estás en pie. No te ensoberbezcas, sino teme" (Romanos 11:20). La Escritura también nos recuerda que "esas ramas fueron arrancadas porque no creyeron en Cristo" (v. 23 NTV).

El libro de Hebreos también nos da una severa advertencia sobre la incredulidad:

Cuídense, hermanos, de que ninguno de ustedes tenga un corazón pecaminoso e incrédulo que los haga apartarse del Dios vivo. Más bien, mientras dure ese "hoy", anímense unos a otros cada día, para que ninguno de ustedes se endurezca por el engaño del pecado. Hemos llegado a tener parte con Cristo, si en verdad mantenemos firme hasta el fin la confianza que tuvimos al principio (3:12-14).

La incredulidad se filtra insidiosamente en el interior, creando un corazón que el autor de Hebreos llamó pecaminoso e incrédulo. Así como la fe crea poder en la oración, la incredulidad destruye ese poder. Es como un cáncer que debe extirparse por completo.

Pablo advirtió a los cristianos corintios que no se asociaran con elementos incrédulos: "No formen alianza con los incrédulos. ¿Qué tienen en común la justicia y la maldad? ¿O qué comunión puede tener la luz con la oscuridad?" (2 Corintios 6:14).

Jairo era un gobernante de la sinagoga que le pidió a Jesús que lo visitara y orara por su hija. Mientras Jesús se dirigía a la casa de Jairo, una gran multitud se reunió para ver qué sucedería. Una mujer que había gastado todo su dinero en médicos se acercó corriendo a Cristo, pero solo pudo tocar el borde de su manto. Al tocarlo, la hemorragia que había tenido durante muchos años fue sanada. Jesús, sintiendo la virtud que fluía de su cuerpo, preguntó: "¿Quién tocó mis vestidos?" (Marcos 5:30). La historia continúa cuando Jesús le dijo: "Hija, tu fe te ha sanado" (v. 34). Después de decir eso, un hombre fue a decirle al líder de la sinagoga que su hija había muerto. La respuesta de Jesús fue: "No temas; cree solamente" (v. 36).

> *La oración es el arma poderosa de cada creyente, destinada a impedir las obras de las tinieblas y abrir nuevas puertas de fe. La oración concertada ocurre cuando un creyente se pone de acuerdo con la palabra de Dios y consecuentemente declara que se haga la voluntad de Dios en la tierra como en el cielo.*
> *—Frank Damazio*

La historia culmina cuando Jesús se acerca a la casa donde lloraban por una niña muerta.

No dejó que nadie lo acompañara, excepto Pedro, Santiago y Juan, el hermano de Santiago. Cuando llegaron a la casa del jefe de la sinagoga, Jesús notó el alboroto, y que la gente lloraba y daba grandes alaridos. Entró y dijo: "¿Por qué tanto alboroto y llanto? La niña no está muerta, sino dormida". Entonces empezaron a burlarse de él, pero él los sacó a todos, tomó consigo al padre y a la madre de la niña y a los discípulos que estaban con él, y entró adonde estaba la niña (vv. 37-40)

Debemos ver que Jesús fue muy cuidadoso en cuanto a quiénes permitió acompañarlo al interior de la casa. Solo quería a los discípulos que no tuvieran incredulidad mientras resucitaba a la niña muerta. Tampoco permitió que los llorones profesionales se quedaran. Su incredulidad también podría perturbar la fe necesaria para realizar ese notable milagro. Si Jesús fue cuidadoso en cuanto a quiénes permitió que oraran con él, ¿no deberíamos hacerlo nosotros también?

Es extremadamente importante que, en nuestra oración colectiva o en grupo, bloqueemos toda incredulidad para que no se manifieste. En la iglesia, la fe puede ser fortalecida a través del estudio bíblico y la enseñanza, antes de unirnos en la oración en grupo. La Palabra de Dios edifica nuestra fe. La verdad expulsa la incredulidad, ¡y la Palabra de Dios es la verdad! Por lo tanto, la oración colectiva puede sufrir impedimento por la incredulidad. Pero esa incredulidad puede ser eliminada en el nombre de Jesucristo, el Señor.

Aunque Dios ciertamente escucha nuestras oraciones individuales, la oración en grupo es de suma importancia, especialmente cuando se trata de atar las fuerzas de Satanás.

Además les digo que, si dos de ustedes en la tierra se ponen de acuerdo sobre cualquier cosa que pidan, les será concedida por mi Padre que está en el cielo.
—Jesús, citado en Mateo 18:19

QUINTA PARTE

La oración poderosa y el pacto de Cristo

Pero ahora en Cristo Jesús, a ustedes que antes estaban lejos, Dios los ha acercado mediante la sangre de Cristo
—Efesios 2:13

En lo profundo de la vida de cada seguidor de Cristo hay una comprensión creciente de la intensidad del amor de Dios por ellos, que se combina con el pacto de sangre de Jesucristo. A medida que crecemos entendiendo este "pacto" y abrazamos esta poderosa verdad, podemos alcanzar un nivel de fe que actuará como un imán para aquellos que solo sueñan con ello.
—Wayde Goodall

CAPÍTULO 23

La oración poderosa y el pacto de Dios

Por tanto, reconoce que el Señor tu Dios es el único Dios, el Dios fiel, que cumple su pacto por mil generaciones y muestra su fiel amor a quienes lo aman y obedecen sus mandamientos.
—Deuteronomio 7:9

Para muchos hombres, que nunca han pensado en el pacto, una fe verdadera y viva en el mismo implicaría la transformación de toda su vida. El conocimiento completo de lo que Dios quiere hacer por ellos; la seguridad de que será hecho por un poder todopoderoso; la certeza de ser atraídos al propio Dios rendidos a sus pies, dependiendo de él y esperando que les cumpla lo prometido haría del pacto la misma puerta del cielo. Que el Espíritu Santo nos dé alguna visión de su gloria.[73]
—Andrew Murray

La oración a la que las fuerzas de Satanás combatirán poderosamente debe basarse en el pacto de la sangre de Jesucristo. Esta es una base segura sobre la cual podemos construir nuestra fe para orar eficazmente. No existe otro fundamento bíblico que nos dé el entendimiento necesario que nos guíe en los momentos de prueba y de duda. La Palabra de Dios, la Escritura, es la base de nuestro entendimiento de lo que es el pacto y su importancia suprema para cada cristiano. Antes de entender el modo en que este pacto de gracia conforma la base de nuestra oración prevaleciente, debemos entender la naturaleza del pacto.

¿Qué es un pacto?

Un pacto es un contrato mutuo entre individuos, y especialmente entre reyes y gobernantes. Abraham hizo un pacto con Abimelec (Génesis 21:27). Josué hizo un pacto con el pueblo de Dios (Josué 24:25). Jonatán hizo un pacto con la casa de David (1 Samuel 20:16). Acab hizo un pacto con Benadad (1 Reyes 20:34). Por lo tanto, debemos basar nuestro entendimiento de lo que es un pacto en lo que afirma la Biblia en cuanto a los contratos o acuerdos a los que cada parte tenía que cumplir.

La relación de Dios con la humanidad también se ha basado en un pacto. Vemos esto desde el principio, cuando Dios tenía comunión con Adán en el jardín del Edén, hasta la relación que mantuvo con la iglesia en el nuevo pacto. Dios siempre ha especificado las responsabilidades de cada parte en los tratos que ha tenido con su creación. Si cumpliéramos nuestra parte del acuerdo, Dios cumpliría la suya. Sin embargo, si incumplimos y rompemos el acuerdo, los resultados serían evidentes. Por lo tanto, en los pactos de Dios con nosotros siempre ha habido partes o principios específicamente nombrados, estipulaciones o promesas mutuas y condiciones concretas.

En el pacto hecho a través de la sangre de Cristo, o el nuevo pacto, las partes son el propio Dios y la humanidad caída. Esta, a través del pecado original —la transgresión de Adán— cayó de la gracia y el favor de Dios. Por lo tanto, vivimos sin comunión con nuestro Creador, perdidos en el lodo y el fango del pecado. No somos pecadores porque pecamos; pecamos porque somos pecadores. No obstante, motivado por un amor puro —gratuito e inmerecido—, Dios envió a su único Hijo, Jesucristo, a convertirse en hombre y tomar "la naturaleza misma de siervo" (Filipenses 2:7). Jesús llevó una vida perfecta y sin mácula, aun cuando fue "tentado en todo de la misma manera que nosotros" (Hebreos 4:15). Con ello, demostró que Adán y Eva —en el principio— tenían la capacidad de vivir sin pecado. Por otro lado, Jesucristo sufrió —y pagó— el precio del pecado: la muerte en la cruz. A través de la muerte expiatoria de Cristo, la ira de Dios fue satisfecha y el acceso a él se hizo disponible para el hombre (Hebreos 2:14-18).

En el pacto de Dios con Israel, Moisés actuó como mediador. En otras palabras, se le dio la responsabilidad de explicar las implicaciones del pacto al pueblo. En el nuevo pacto de sangre, Cristo es el mediador autorizado a través del registro (en el Nuevo Testamento) proporcionado para que los beneficiarios lo siguieran. El libro de Hebreos considera los dos pactos y juzga que el nuevo es mejor, debido a las promesas hechas por el mediador: Dios realiza la obra; sus hijos e hijas se benefician. Sin embargo, bajo un escrutinio más cercano, el pacto es realmente entre el Padre y el Hijo, en el sentido de que el Padre le prometió al Hijo una herencia y un reino que él cumplió cuando resucitó a Cristo de entre los muertos.

En el Salmo 40, Juan 17:4, Gálatas 4:4 y Hebreos 10, Dios revela la naturaleza de la obra de Cristo en la tierra antes de su advenimiento. Estas, así como muchas otras referencias, muestran claramente el plan o acuerdo eterno entre el Padre y el Hijo, que resultó en la redención.

¿Qué prometió Jesús al Padre?

La parte del Hijo en el acuerdo fue:

1. *Preparar una morada adecuada y duradera en la tierra para Dios.* El Señor nunca estuvo satisfecho con el tabernáculo de Moisés, que hablaba de las cosas por venir. Nunca quedó satisfecho con los templos construidos por Salomón o Herodes. Deseaba un lugar de habitación continua y general para que todos

pudieran contemplar y apreciar la gloria revelada. Por lo tanto, Jesucristo prepararía esa morada en la iglesia. También prepararía un cuerpo a través del cual Dios pudiera llevar a cabo sus propósitos en la tierra, siendo el propio Cristo la Cabeza de ese cuerpo. Ese cuerpo sería perfecto y sin mancha. Y estaría compuesto por millones de personas en todo el mundo, cuerpo que nunca desobedecería porque la Cabeza es el propio Hijo.

2. *Dar el Espíritu Santo sin medida a la nueva familia que viviría en la tierra, la iglesia.* El Espíritu Santo había venido parcialmente sobre los humanos en el pasado, haciendo que hombres y mujeres profetizaran, hicieran milagros y revelaran la naturaleza y la voluntad de Dios. Sin embargo, la nueva promesa concedería al Espíritu Santo en plenitud. Al darlo a la humanidad redimida de esta manera, la iglesia tendría suficiente gracia para cumplir la voluntad de Dios, no por deber, sino por deseo propio. El Espíritu Santo también sería capaz de revertir los efectos del pecado en la naturaleza humana y adornaría el cuerpo de Cristo con belleza, fortaleza y santidad.

3. Regresar ante su Padre y sentarse con él en su trono, intercediendo por aquellos que cumplen su voluntad. Al hacer eso, los efectos de aplastar la cabeza de Satanás culminarían en la destrucción total del reino del diablo y la aniquilación de todo mal en la tierra.

¿Qué le prometió el Padre a Jesús?

La parte del acuerdo por parte del Padre fue:

1. El Padre liberaría al Hijo del poder de la muerte. Otros habían muerto y sido resucitados por un tiempo, pero más tarde murieron. Sin embargo, nadie, desde Adán hasta Cristo, había muerto y resucitado para vivir por

siempre. Con ello, el Padre no solo resucitó al Hijo, sino que también destruyó el imperio de la muerte en sí misma. Pablo llamó al poderío de la muerte el mayor poder a ser destruido (ver 1 Corintios 15:26). Por lo tanto, al destruir el poder de la muerte, se le dio toda autoridad a Cristo en el cielo y en la tierra.

2. El Padre le otorgaría a Cristo la capacidad de dar el Espíritu Santo en plenitud a quien él quisiera. Con esa autoridad, les daría la capacidad para realizar la voluntad del Padre a los miembros de su cuerpo.

3. El Padre sellaría y protegería a todos los que acudieran a Cristo a través del Espíritu Santo.

4. El Padre le daría una herencia compuesta por personas de todas las naciones de la tierra, y su reino o dominio sería por siempre jamás.

5. A través de la extensión de Cristo como Cabeza de la iglesia, su cuerpo sería capaz de atestiguar ante todas las potestades y poderes la sabiduría eterna y multiforme del Padre, justificando la creación del amor de Dios por la humanidad por toda la eternidad.

¿Por qué es tan importante este pacto?

La condición bajo la cual se realizó el pacto entre el Padre y el Hijo fue que este vendría en forma y naturaleza humana, sujeto a las mismas tentaciones pero sin depender de su naturaleza divina. Él superaría cada prueba de la misma manera en que los seres humanos pueden hacerlo, a través del poder del Espíritu Santo. Cristo también se sometería a la muerte, incluso la más ignominiosa: la muerte de cruz. Cristo derramaría su preciosa sangre sin mancha, la que sellaría para siempre a aquellos que creyeran en él.

Cristo, como la segunda parte legal del eterno y mejor nuevo pacto, habiendo cumplido todas sus promesas, habiendo recibido las promesas del Padre y habiendo cumplido todas las condiciones, ha establecido claramente el acceso que tenemos al Padre en la oración. En otras palabras, tenemos un derecho, un poder legal, para acercarnos al Padre por medio de la oración.

Esto es importante porque Satanás ya no tiene acceso al Padre para acusar a las personas que temen a Dios, como lo hizo en el caso de Job:

> Llegó el día en que los hijos de Dios debían presentarse ante el Señor y con ellos llegó también Satanás. Y el Señor preguntó:
>
> —¿De dónde vienes?
>
> —Vengo de rondar la tierra y de recorrerla de un extremo a otro —respondió Satanás.
>
> —¿Te has puesto a pensar en mi siervo Job? —volvió a preguntarle el Señor—. No hay en la tierra nadie como él; es un hombre íntegro e intachable, que me honra y vive apartado del mal.
>
> Satanás respondió:
>
> —¿Y acaso Job te honra sin esperar nada a cambio? ¿Acaso no están bajo tu protección él y su familia y todas sus posesiones? De tal modo has bendecido la obra de sus manos que sus rebaños y ganados llenan toda la tierra. Pero extiende la mano y daña todo lo que posee, ¡a ver si no te maldice en tu propia cara!
>
> —Muy bien —contestó el Señor—. Todas sus posesiones están en tus manos, con la condición de que a él no le pongas la mano encima (Job 1:6-12).

Esta historia revela que Satanás tenía acceso al cielo y cómo pudo acusar tanto a Dios como al justo Job. Acusó a Dios diciendo que la única razón por la que Job le servía era porque Dios lo había bendecido en gran manera. Por tanto, Dios no era justo. Y acusó a Job afirmando que este maldeciría a Dios si se le quitaba todas sus posesiones. ¡El diablo es y siempre ha sido el gran acusador!

Cristo, que vio caer al diablo (Lucas 10:15), revela un aspecto de su éxito redentor al bloquear todo acceso al cielo por parte de Satanás:

Luego oí en el cielo un gran clamor:

Han llegado ya la salvación y el poder
    y el reino de nuestro Dios;
    ha llegado ya la autoridad de su Cristo.
Porque ha sido expulsado
    el acusador de nuestros hermanos,
    el que los acusaba día y noche delante
        de nuestro Dios.
Ellos lo han vencido
    por medio de la sangre del Cordero
    y por el mensaje del cual dieron testimonio;
no valoraron tanto su vida
    como para evitar la muerte (Apocalipsis 12:10-11).

Por lo tanto, Satanás ya no tiene acceso a Dios. Sin embargo, todavía se atreve a acusarnos en nuestras propias mentes. Él nos dice que no somos dignos de orar. Continuamente pone pensamientos en nuestras mentes diciéndonos que no tenemos el derecho de acceder al trono de la gracia, desde el cual podemos encontrar fortaleza en momentos de necesidad.

> *Es sumamente importante, sobre todo cuando estamos luchando contra el diablo en oración, que nos demos cuenta de que la eficacia de nuestras oraciones se basa en el pacto de la sangre derramada por Jesucristo.*

El único recurso que tiene Satanás para atacarnos es hacer que descuidemos lo que legítimamente nos pertenece en Cristo. Él solo sabe robar y destruir (Juan 10:10). Pero estamos conscientes de que es nuestro adversario, el diablo, y que no nos va a engañar con sus artimañas (2 Corintios 2:11); además, "somos más que vencedores por medio de aquel que nos amó" (Romanos 8:37). Amén.

Es sumamente importante, sobre todo cuando estamos luchando contra el diablo en oración, que nos demos cuenta de que la eficacia de nuestras oraciones se basa en el pacto de la sangre derramada por Jesucristo. Al igual que Jesús, podemos llamar al diablo "mentiroso y padre de mentira" (Juan 8:44). Podemos vencer cada pensamiento que no sea de Dios (2 Corintios 10:5). Podemos rechazar cada palabra negativa, acusadora y auto-destructiva que intente entrar en nuestras mentes para destruir nuestra propia imagen. Esto podemos hacerlo porque el derecho legal de acceso ha sido adquirido.

Por lo tanto, ¡acude a Dios con valentía!

Si no ejerces tu derecho legal de entrada ante el Padre, estás negando la obra expiatoria de Cristo en el Calvario. Tú perteneces al grupo íntimo y selecto al que se le ha concedido acceso al trono del Padre. Es algo gratuito, aunque no es barato. Es decir, la redención es gratuita para ti, pero le costó su vida a Cristo comprar ese privilegio por ti. ¿No aprovecharás lo que legítimamente te corresponde en Cristo?

> Esto es mi sangre del *pacto* que es derramada
> por muchos para el perdón de pecados
> —Jesús, citado en Mateo 26:28

CAPÍTULO 24

Prepárate para que Dios te use

"Sin embargo, como está escrito: Ningún ojo ha visto, ningún oído ha escuchado, ningún corazón ha concebido lo que Dios ha preparado para quienes lo aman".

—1 Corintios 2:9

Mucha gente cree que, de alguna manera, llevo un avivamiento en la maleta y que basta con que anuncien mi llegada para que algo suceda, pero no hay tal cosa como esa. Todo es obra de Dios y la Biblia advierte que él no compartirá su gloria con nadie.

Toda esa publicidad que recibimos, a veces, me asusta porque siento que ahí yace un gran peligro. Si Dios quitara su mano de mí, no tendría más poder espiritual. El secreto de todo el éxito de nuestras actividades es espiritual; es Dios respondiendo a la oración. No puedo atribuirme ningún mérito por ello.[74]

—Billy Graham

Hace un tiempo, yo (Dr. Cho) sentí una carga por ayunar. Aunque mi itinerario era tan ocupado que necesitaba todas mis fuerzas, no pude ignorar la "voz suave y queda" del Espíritu Santo que me dirigía. Así que no cené esa noche. A la mañana siguiente, no desayuné y al llegar la hora del almuerzo, sabía que debía ayunar. Hablar en una reunión de ministros por la mañana y otra participación en la noche me dejaron muy cansado. Estaba agotado físicamente. Sin embargo, mi espíritu se fortalecía por el conocimiento de que Dios me estaba guiando. Esa noche de nuevo, supe que necesitaba continuar ayunando.

¿Por qué me estaba dirigiendo el Señor a ayunar? No tenía respuesta. No supe el propósito hasta la mañana siguiente. Mientras oraba, le dije al Señor: *Querido Padre celestial, estoy a tu disposición para lo que quieras. Aunque no sé exactamente lo que deseas que haga, sé que estoy dispuesto, capaz y listo para obedecerte.*

Cuando llegué a mi oficina, encontré a una pareja de nuestra iglesia esperándome.

—Pastor Cho —dijo la madre, con el rostro mostrando estrés—, anoche nuestra pequeña perdió la mayor parte de su vista. Estábamos cenando. Mientras recogía su cuchara, nos dijo que no podía verla —la dama sacó un pañuelo para secarse una lágrima que caía por su mejilla—. Luego afirmó que no podía ver sus calcetines ni sus zapatos. Así que la llevamos corriendo al hospital.

Mientras continuaba escuchando su historia, de repente supe por qué había estado ayunando.

—¿Qué dijeron los médicos? —pregunté.

—Los médicos nos dijeron que tenía un nervio óptico inflamado, que mostraba signos de deterioro. Después de un examen más detenido, afirmaron que su sistema nervioso central también estaba afectado y que quedaría paralizada en la parte media de su cuerpo —la madre continuó describiendo la condición de su pequeña niña—. Realmente tememos que nuestra hija pueda quedar paralizada, ciega e incluso podría morir. Estamos verdaderamente desanimados. Pastor Cho, ¿qué podemos hacer?

Les expliqué que oraría por ella y que luego la visitaría en el hospital. Podía darles seguridad en la fe porque sabía que el Espíritu Santo me había estado preparando para esa batalla contra Satanás mientras me dediqué a la oración y al ayuno.

A la mañana siguiente, al llegar al hospital y entrar en la habitación de la niña, me dijeron que su condición había mejorado por la noche. Debido a que mi fe se había fortalecido en mi ayuno, pude orar con gran audacia, atando toda fuerza maligna que intentaba destruir a esa hija de Dios. Los médicos quedaron asombrados por la rápida recuperación que la niña experimentó como resultado de la oración de fe. Ahora está completamente sana por la gracia de Dios.

¿Por qué te cuento esta historia?

Dios está buscando hombres y mujeres que estén dispuestos a ser su punta de lanza en las tareas de emergencia que se presentan para combatir las fuerzas del diablo. El Espíritu Santo quiere voluntarios que estén en constante alerta siempre que haya una crisis. Le he dicho al Espíritu Santo que deseo estar en ese grupo de voluntarios espirituales.

Estamos en un punto crucial de la historia de la iglesia. Nuestro precioso Señor Jesús está por volver; las señales están a nuestro alrededor.[75] El enemigo sabe que la hora es tarde y está preparado para atacar a cada familia cristiana, iglesia y organización. Dios nos ha asignado la tarea de ser la sal de la tierra. ¿Cumpliremos con nuestra responsabilidad o ignoraremos las señales de los tiempos?

Espero que los principios bíblicos y las experiencias personales que hemos compartido te motiven a orar. No es demasiado tarde para comenzar una vida de oración. Si deseas un avivamiento personal, nunca ha habido ni hay atajos para tu avivamiento. La única clave para el avivamiento es la oración. Sin embargo, debe comenzar en cada uno de nosotros.

Así que permite que el Espíritu Santo encienda tu vida con la llama de la fe. Deja que la chispa se extienda por tu familia, tu iglesia y tu comunidad. Tu oración puede cambiar el rumbo en el que va tu comunidad, tu ciudad o tu nación. ¡Comienza ahora mismo!

¿Si no es ahora, cuándo? Si no eres tú, ¿quién? Si no aquí, ¿dónde?

> Entonces oí la voz del Señor que decía:
> "¿A quién enviaré? ¿Quién irá por nosotros?".
> Y respondí: "Aquí estoy. ¡Envíame a mí!".
> —Isaías 6:8

CAPÍTULO 25

El tabernáculo de oración

¿Acaso no saben que su cuerpo es templo del Espíritu Santo, quien está en ustedes y al que han recibido de parte de Dios? Ustedes no son sus propios dueños; fueron comprados por un precio. Por tanto, glorifiquen con su cuerpo a Dios.
—1 Corintios 6:19-20

Dios le ordenó a Moisés que santificara el tabernáculo de la congregación, el arca del testimonio, todos los instrumentos y el altar ungiéndolos con aceite ... La única luz [que había en el santuario] provenía de las lámparas doradas y el aceite. De manera similar, solo a través de la brillante luz de la unción del Espíritu Santo, puede ser revelado el mundo espiritual ante nosotros.[76]
—Yonggi Cho

Hace muchos años, el Espíritu Santo trajo a mi mente lo que significaba el tabernáculo que el Señor le instruyó a Moisés que edificara. Todos los implementos, lugares, medidas específicas y verdades bíblicas sobre cada parte de esa instalación se hicieron muy patentes para mí. A partir de que entendí eso, comencé a orar a través del tabernáculo aplicando las verdades bíblicas que implican cada una de sus partes.

La oración del tabernáculo es el formato de oración que más he pronunciado. Si repites esta oración y permites que el Espíritu Santo te traiga revelación, Dios te hablará profundamente en tu espíritu.

Pronunciar esta oración requiere tiempo. Puedes orar durante una hora o dos, o puedes hacerla rápidamente (20 a 30 minutos). A medida que leas este capítulo, te guiaré a través de esta oración. Mientras oramos, haz tuya esta oración, concéntrate en cada parte del tabernáculo y cuando sientas la guía del Espíritu Santo, detente y medita en esa parte así como en la revelación que llega a tu mente y tu espíritu. Si sientes que el Espíritu Santo te recuerda un pasaje en particular, tómate el tiempo para leerlo y para reflexionar en lo que dice. Descubrirás que muchas veces el Espíritu Santo te hablará de esta manera.

Repite la siguiente oración en voz alta para que sepas cómo adorar a Dios en el tabernáculo.

Padre, deseamos orar hoy, así que venimos a tu montaña en este momento a buscar de ti. ¡Clamamos por tu unción hoy! ¡Úngeme, Señor! Obra solo según tu voluntad conmigo, porque solo por tu unción puedo cumplir tu plan para mi vida.

Fuiste tú quien ordenó a Moisés construir el tabernáculo en el desierto. Señor, habitaste y te encontraste con tu pueblo allí. Los israelitas solo te adoraban en ese tabernáculo. ¡El tabernáculo ilustra tu modelo de adoración! ¡Nos muestra los pasos para acercarnos a ti! Anhelo esa intimidad.

Te agradezco por el modelo del tabernáculo a través de Moisés, en Jesús y en el cielo. Te agradezco por el atrio, donde se encuentra el altar de bronce y el lavacro. Te agradezco por el Lugar Santo, donde están los candelabros, así como la mesa de los panes de la Presencia y el altar del incienso. Te agradezco por el Lugar Santísimo, donde reside el arca del pacto y tu propiciatorio.

Según tu Palabra, soy sacerdote, y mi cuerpo es templo del Espíritu Santo. Obra a través de mi espíritu, mi mente y mi cuerpo. Te adoro directamente, Señor, a través del templo de mi cuerpo, mi mente y mi espíritu.

Soy sacerdote tuyo: "Al que nos ama y que por su sangre nos ha librado de nuestros pecados, al que ha hecho de nosotros un reino, sacerdotes al servicio de Dios su Padre, ¡a él sea la gloria y el poder por los siglos de los siglos! Amén" (Apocalipsis 1:5-6).

Tu Palabra me dice que pertenezco a una "descendencia escogida, sacerdocio regio, nación santa, pueblo que pertenece a Dios, para que proclamen las obras maravillosas de aquel que los llamó de las tinieblas a su luz admirable" (1 Pedro 2:9).

Tu Palabra es poderosa: "La palabra de Dios es viva, eficaz y más cortante que cualquier espada de dos filos. Penetra hasta lo más profundo del alma y del espíritu, hasta la médula de los huesos, y juzga los pensamientos y las intenciones del corazón. Ninguna cosa creada escapa a la vista de Dios. Todo está al descubierto, expuesto a los ojos de aquel a quien hemos de rendir cuentas" (Hebreos 4:12-13).

Tengo un Sumo Sacerdote: "Por lo tanto, ya que en Jesús, el Hijo de Dios, tenemos un gran sumo sacerdote que ha atravesado los cielos, aferrémonos a la fe que profesamos. Porque no tenemos un sumo sacerdote incapaz de compadecerse de nuestras debilidades, sino uno que ha sido tentado en todo de la misma manera que nosotros, aunque sin pecado. Así que acerquémonos confiadamente al trono de la gracia para recibir la misericordia y encontrar la gracia que nos ayuden oportunamente" (vv. 14-16).

Jesús, tú eres el Sumo Sacerdote del cielo. Enséñame mis deberes sacerdotales hoy. Enséñame según el modelo que ordenaste para acercarme a mi Padre en el cielo.

El TABERNÁCULO DE ORACIÓN

"Si mi pueblo, que lleva mi nombre, se humilla y ora, y me busca y abandona su mala conducta, yo lo escucharé desde el cielo, perdonaré su pecado y restauraré su tierra" (2 Crónicas 7:14).

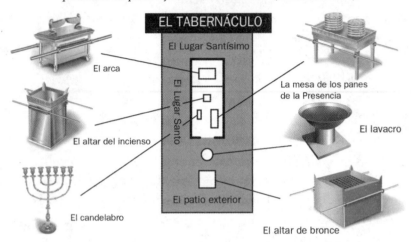

El patio exterior

El altar de bronce. *La cruz que proporcionó:*
1. Salvación
2. Sanidad
3. Redención de la maldición
4. Una nueva naturaleza
5. Provisión

El lavacro. *Lavado y limpieza/preparación*
1. Arrepentimiento de cualquier pecado conocido
2. Ofrendar nuestro cuerpo
3. Ofrendar nuestra mente
4. El fruto del Espíritu. Gálatas 5:22-23

El Lugar Santo

El candelabro. *El Espíritu Santo*
1. Isaías 11:2. Los siete espíritus del Señor
   · Sanidad
   · Redención de la maldición
   · Una nueva naturaleza
   · Provisión
2. Los dones del Espíritu. 1 Corintios 12:8-10

La mesa de los panes de la Presencia. *La Palabra*
1. Pedir una nueva revelación de la Palabra

Altar del incienso. Adoración
1. Adorar los nombres de Dios

El Lugar Santísimo

Propiciatorio (Arca). *Intercesión*
Orar por:
1. Los que tienen autoridad: espiritual, civil, familiar, laboral
2. Mi familia
3. Mi iglesia: mi pastor, mi grupo pequeño, los miembros y la visión o la misión
4. Mi ciudad, mi nación y el mundo
5. Mis necesidades

Estación 1: El altar de bronce

Señor, en mi mente y en mi imaginación, llego al templo y veo el patio del tabernáculo. Veo el altar de bronce. Recuerdo las diversas ofrendas presentadas en el altar de bronce por mi pecado y mis transgresiones. Mi reconciliación fue completamente atendida por el sacrificio de Jesucristo en el Calvario. En este altar, reconozco el tremendo precio de mi pecado.

Creo que la cruz de Jesucristo reemplaza al altar de bronce para mí hoy. La sangre de Jesucristo reemplaza la de los animales. Su sangre fue un sacrificio de una vez por todas a través de Jesucristo. Mi pecado es perdonado; soy declarado justo a través de la cruz. No hay culpa ni vergüenza para mí hoy. Estoy limpio de toda injusticia (1 Juan 1:9). Disfrutaré de la gloria de Dios hoy. La gloria Shekinah está en mí.

Señor, a través de tu sangre derramada conquistaste al mundo y al diablo. Dame santificación y plenitud del Espíritu Santo a través de la sangre de Jesús. Cualquier atadura que el mundo o el diablo tengan sobre mí es destruida en el nombre de Jesús. ¡Por causa de la sangre, soy libre!

Tú colgaste en la cruz y llevaste mis enfermedades. Soy sano. Provees sanidad para mis enfermedades físicas y emocionales. ¡Estoy sano hoy! Por las llagas que Jesús soportó en el patio de Pilato, ¡soy sanado! A través de la cruz, de tu sangre, soy redimido de la maldición. Colgaste de un madero para que la bendición abrahámica fuese mía. ¡Soy una persona bendecida! Ya no estoy bajo maldición. Estoy bajo la bendición de Cristo hoy: en mi hogar, mi familia, mi trabajo y mi ministerio.

No hay pobreza ni maldición para mí. Te hiciste pobre por mí para que yo pueda ser rico en ti. En Cristo soy completamente redimido de cualquier pensamiento negativo. No hay pensamiento que nuble mi mente, solo la claridad de que soy libre de la maldición y de la pobreza. Esta es una gran bendición de la sangre de Cristo.

Tu Palabra me dice: "Ya conocen la gracia de nuestro Señor Jesucristo, quien era rico y por causa de ustedes se hizo pobre, para que mediante su pobreza ustedes llegaran a ser ricos" (2 Corintios 8:9).

Soy redimido de la muerte y del infierno. A través de su muerte en la cruz, su resurrección y su ascensión, estoy espiritualmente con Jesús según las Escrituras. Veo su gracia redentora fluyendo hacia mí.

Gracias, Señor Jesús, porque mi mente se renueva en ti cuando oro de esta manera, reclamando estas verdades y adorándote. Gracias por renovar mi mente, que estaba obstruida con mentiras y pensamientos negativos. No tengo nada que ver con las cosas sucias del mundo. Rechazo la mentira. Corto todo vínculo de oscuridad en el nombre de Jesús.

Señor, aclara la visión que tengo de mí mismo como hijo adoptado de Dios, miembro de tu familia de sacerdotes. Hazme consciente de mi nueva identidad, una nueva persona en ti, una nueva creación a través de la sangre de Jesucristo. Ya no tengo más crisis de identidad. ¡Tengo una identidad clara en Jesucristo!

Estación 2: El lavacro

Señor, te invito a exponer el pecado en mí.

Aquí, limpio mi conciencia cada día, como si me diera un baño o una ducha. Los sacerdotes lavaban sus manos, sus pies y su cara en el lavacro. Es un espejo. Antes de entrar en el Lugar Santo, deseo mirarme en el lavacro. ¿Qué hay malo en mi corazón? Señor, reflexiono en los Diez Mandamientos. Deseo una conciencia clara. No puedo llevar mi conciencia culpable ante tu presencia, Señor. Tú no lo permitirás.

Primer mandamiento

"Yo soy el Señor tu Dios. Yo te saqué de Egipto, del país donde eras esclavo. No tengas otros dioses además de mí" (Éxodo 20:2-3).

¿Adoro a otros dioses? ¿Me adoro a mí mismo (autoadoración) más que a Jesús? Solo hay un Dios en tres personas: Padre, Hijo, Espíritu Santo.

Perdóname, Señor, por deshonrarte entreteniendo a otros dioses.

Segundo mandamiento

"No te hagas ninguna imagen, ni nada que guarde semejanza con lo que hay arriba en el cielo, ni con lo que hay abajo en la tierra, ni con lo que hay en las aguas debajo de la tierra. No te postres delante de ellos ni los adores. Yo, el Señor tu Dios, soy un Dios celoso. Cuando los padres son malvados y me odian, yo castigo a sus hijos hasta la tercera y cuarta generación. Por el contrario, cuando me aman fielmente y cumplen mis mandamientos, les muestro mi amor por mil generaciones" (vv. 4-6).

¿Me inclino ante los ídolos? ¿He puesto mi función de esposo, esposa, padre, madre, profesional o ministro por encima de mi rol como sacerdote del Señor? ¿Le estoy dando las primicias de mi día a algo más? ¿Adoro las imágenes del dinero o el poder?

Perdóname por deshonrarte al adorar a los ídolos.

Tercer mandamiento

"No uses el nombre del Señor tu Dios en vano. Yo, el Señor, no tendré por inocente a quien se atreva a usar mi nombre en vano" (v. 7)

Perdóname por deshonrarte al tomar alguno de tus nombres en vano.

Cuarto mandamiento

"Acuérdate del día sábado [reposo] para santificarlo. Trabaja seis días y haz en ellos todo lo que tengas que hacer, pero el día séptimo será un día de reposo para honrar al Señor tu Dios. No hagas en ese día ningún trabajo, ni tampoco tu hijo, ni tu hija, ni tu esclavo, ni tu esclava, ni tus animales, ni tampoco los extranjeros que vivan en tus ciudades. Porque en seis días hizo el Señor los cielos y la tierra, el mar y todo lo que hay en ellos, y descansó el séptimo día. Por eso el Señor bendijo y consagró el día de reposo" (vv. 8-11).

Padre mío, ¿honro a Dios observando el sábado como día sagrado? ¿Estoy guardando el sábado y entregando mi diezmo para la obra de Dios antes de esperar tus bendiciones?

Perdóname por deshonrar tu mandamiento del sábado. Enséñame tus caminos.

Quinto mandamiento

"Honra a tu padre y a tu madre, para que disfrutes de una larga vida en la tierra que te da el Señor tu Dios" (v. 12).

¿Honro a mis padres o los culpo por mis problemas? ¿Deshonro a aquellos que Dios puso como autoridad por encima de mí: pastores, líderes gubernamentales, maestros, empleadores u otros? ¿Hablo mal de ellos?

Perdónanos, Padre, por la influencia negativa de mi cultura que irrespeta a nuestros padres y te deshonra a ti. Que mi vida sea libre de esa influencia. Perdóname por deshonrar a mis padres y a cualquier figura de autoridad. Perdóname por no honrar a quienes se lo merecen. Perdóname por deshonrarte a ti, Padre del cielo.

Sexto mandamiento

"No mates" (v. 13).

¿Asesino a alguien si lo odio? ¿De qué manera programo mi mente o la de mis hijos para odiar, enojarse o tener prejuicios contra alguien?

Señor, perdono a aquellos que me han lastimado, rechazado o decepcionado. Me libero de todas las ofensas. Me arrepiento de las palabras airadas que he pronunciado. Perdóname por deshonrarte a ti con cualquier palabra soez o actitud de odio. Oh Señor, líbrame de un corazón enfadado y amargado. Solo tú puedes hacer eso. He fallado en cuanto a controlar la ira que surge en mí. Solo tú puedes darme la gracia para vencer todo eso.

Séptimo mandamiento
"No cometas adulterio" (v. 14).

¿Cometo adulterio o me entretengo con pensamientos lujuriosos?

Perdóname por deshonrarte con mi impureza sexual. ¡Límpiame y santifícame! Ayúdame a entender que el enemigo de mi alma siempre me tentará de muchas maneras. Enséñame a controlar mis pensamientos y evitar cualquier cosa o persona que me induzca a ceder ante una tentación maligna. Haz que tema lo impío, lo no santo y lo impuro. Ayúdame a caminar con humildad delante de ti. Líbrame de idolatrar las figuras femeninas o masculinas. Líbrame de cualquier apetito maligno.

Octavo mandamiento
"No robes" (v. 15).

Señor, ¿estoy robándote a ti o a alguien más? ¿Estoy derrochando o usando mal los dones que me das? ¿Soy deshonesto en mi trabajo, tomo algo sin pagar por ello o sin permiso? Perdóname por la mala administración, por robar o desperdiciar tiempo, talentos o tesoros tuyos, Señor. Perdóname por mis ganancias indecentes y dame gracia para devolver o restaurar lo que he tomado incorrectamente. Hazme un buen administrador de tu templo, mi cuerpo, y de todas esas cosas que me has dado para gestionar como sacerdote en tu templo.

Noveno mandamiento

"No des falso testimonio en contra de tu prójimo" (v. 16).

¿Hablo falsamente sobre los demás o confío en cosas falsas? *Perdóname por mentir. Por ser un falso testigo de Jesús. Perdóname por creer en ideas falsas y filosofías vanas. Quiero ser un verdadero testigo de Jesucristo. Perdóname por deshonrarte al confiar en cosas falsas. ¡Dame el camino, la verdad y la vida en Jesucristo!*

Décimo mandamiento

"No codicies la casa de tu prójimo, ni codicies su esposa, ni su esclavo, ni su esclava, ni su buey, ni su asno, ni nada que le pertenezca" (v. 17).

¿Siento envidia de lo que otros tienen? *Padre, ¿estoy recibiendo cosas que no quieres que tenga: casa, auto, reputación, cónyuge o los hijos de mi prójimo? La codicia es el primer pecado: la caída de Eva y de Adán, que causó su desobediencia. ¿Codicio algo: el estilo de vida o las posesiones de otra persona?*

Todas las bendiciones vienen de ti, Señor. Te agradezco por mi cónyuge, cada hijo y cada nieto, y por todos los miembros de mi familia. Estoy agradecido por mi hogar, mi carrera y todo lo que me has dado.

Toda abundancia viene de ti, Señor. Tú eres la fuente de todas las bendiciones y la abundancia. Perdóname por deshonrarte al querer algo que no se ajuste a tu voluntad conmigo. Dios, eres un buen Dios, un Dios abundante. ¡Deseas bendecirme más de lo que yo mismo anhelo! Así que dejo mi tiempo y mi preocupación por el dinero. ¡Quiero recibir tu abundancia y tu bendición! Tu voluntad sea hecha. Haz espacios abiertos en mi vida.

Entiendo que todo esto sucede a través de la cruz y la sangre de Jesucristo. Adoro a mi Señor Jesús en el lavacro del atrio del tabernáculo.

Estación 3: El Lugar Santo. El candelabro

Mi Padre, ahora abro la cortina y entro en el Lugar Santo. Allí veo los candelabros, simbólicos del Espíritu Santo, el Espíritu de Dios en siete elementos: sabiduría, entendimiento, consejo, fortaleza, conocimiento, temor del Señor y santidad.

Espíritu Santo, te doy la bienvenida a una relación más profunda e íntima contigo. A través de tu unción, concédeme sabiduría. Ayúdame a resolver todos los problemas que enfrento con ella.

Concédeme entendimiento para que pueda comprender las profundas verdades de Dios, experimentarlas y transmitirlas a mis hijos. Dame tu consejo para seguir el camino estrecho. Si te agrada, permíteme aconsejar a otros y enseñarlos a resolver sus problemas. Concédeme una tremenda fuerza, para que pueda ser usado por ti a fin de sanar a los enfermos y expulsar al diablo. ¡Tú eres el mismo ayer, hoy y siempre!

Espíritu Santo, aumenta mi conocimiento de la Biblia. Dame un temor del Señor tenaz para que camine suavemente ante ti y no cometa ningún pecado. ¡Santifícame con tu presencia, oh Señor!

Espíritu Santo, eres una persona, no un genio. El Padre trabajó, en primer plano, durante el Antiguo Testamento; y Jesús en el Nuevo Testamento. Ahora vivo en la era del Espíritu Santo y soy templo suyo.

No quiero atrapar codornices con mis manos desnudas. Quiero que tu viento sople y las codornices caigan en mi campamento. Quiero depender de ti, Espíritu Santo, no de mi fuerza.

No eres un acróbata. Eres una persona santa con voluntad y emociones. Perdóname por tratarte como si no fueras persona. Deberías ser bienvenido, amado, acariciado, adorado y alabado. Eres mi principal socio; dependo de ti. Avancemos, Espíritu Santo. Gracias por tu unción. Trabajemos juntos. Te seguiré.

Estación 4: La mesa de los panes de la Presencia

Los panes de la Presencia son el símbolo de la Palabra de Dios.

Sin duda, la palabra de Dios es viva, eficaz y más cortante que cualquier espada de dos filos. Penetra hasta lo más profundo del alma y del espíritu, hasta la médula de los huesos, y juzga los pensamientos y las intenciones del corazón. Ninguna cosa creada escapa a la vista de Dios. Todo está al descubierto, expuesto a los ojos de aquel a quien hemos de rendir cuentas (Hebreos 4:12-13)

Gracias por tu Palabra logos y tu palabra rhema. Gracias por la Palabra escrita, la Palabra inspirada por Dios. (Hay miles de promesas de Dios escritas en las Escrituras. El *logos*, la Palabra escrita, es potencialmente mía, aunque no parezca necesaria hoy. *Rhema* es la palabra inspirada hecha viva en mi corazón hoy para una aplicación específica). *Mi Señor, dame tu palabra específica —tu palabra rhema— hoy. Dame mi pan de cada día.*

Pedro no caminó sobre el agua porque leyera sobre los israelitas cuando cruzaron el Mar Rojo. Él le pidió a Jesús: "Señor, si eres tú, mándame ir a ti sobre las aguas" (Mateo 14:28). (Como lo hizo Jesús en una oportunidad).

Padre, una palabra rhema específica —pronunciada directamente por el Señor— se le dio a Pedro para una situación determinada. La fe vino a Pedro (solo a él) al oír, al escuchar la palabra rhema del Señor Jesús en respuesta a su solicitud concreta.

Los otros discípulos no respondieron; la palabra rhema no era para ellos. Jesús no los llamó a caminar sobre el agua. No tenían la fe ni el deseo necesario para hacer lo que Pedro hizo en ese momento. Incluso la fe de Pedro vaciló cuando se vio milagrosamente caminando sobre el agua.

Cuando esa fe en esa palabra rhema vaciló, Pedro se convirtió en una ola, llevado de aquí para allá por el mar, de doble ánimo, falto de fe, por lo que se hundió. Cuando clamó a "Jesús", lo salvaste y lo llevaste a la barca. Y así, ese milagro terminó para ese momento específico.

Pedro no salió de la nave por la palabra específica hablada del Señor que escuchó. "La fe es por el oír, y el oír, por la palabra [rhema] de Dios" (Romanos 10:17 RV60). *Así que debo esperar en ti hoy, si quiero recibir tu palabra inspirada.*

El conocimiento puede convertirse en una especie de falsa fe. Por eso, quiero una verdadera fe en ti hoy, Señor. Si opero solo en el conocimiento, podría desobedecerte. Quiero obedecerte en todas las cosas. Nombrar y reclamar promesas, señalar un versículo es un asunto peligroso. Esperar en ti, Señor, por un rhema, es el camino del discípulo maduro. Tú dijiste: "No solo de pan vivirá el hombre, sino de toda palabra que sale de la boca de Dios" (Mateo 4:4).

Estación 5: El altar del incienso

Padre, eres omnipotente. Puedes hacer cualquier cosa y yo creeré en ti. Dame una fe perfecta en Jesucristo. Hoy decido, mediante el ejercicio de mi libre albedrío, creerte. Rechazo el miedo y la duda. Nunca me decidiré por ninguno de ellos. Confío en ti, en tu Palabra, en tu Espíritu Santo. Siempre estás conmigo. Nunca me abandonarás ni me desampararás.

El Evangelio de Juan me dice: "En aquel día ustedes se darán cuenta de que yo estoy en mi Padre, ustedes en mí y yo en ustedes" (14:20). Tú vives dentro de mí. ¡Quiero que hoy seas muy real para mí!

(En el altar del incienso, a menudo permanecemos de pie durante varios minutos y simplemente alabamos a Dios cantando en el Espíritu u orando como el Señor guíe).

Estación 6: El Lugar Santísimo. El arca del pacto

Entro con fe y confianza en el Lugar Santísimo. Veo la sangre de Jesucristo rociada sobre el propiciatorio. Está consumado. Todas mis deudas han sido pagadas por completo. Soy una persona libre, libre de la esclavitud al pecado de cualquier tipo.

A través de la sangre de Jesús, ¡tengo la impartición de la justicia de Jesucristo! Soy justicia de Dios en Cristo. Entro en la presencia de Dios sin sentir condenación debido a lo que Cristo ya ha logrado por mí. La sangre es la respuesta, es la respuesta para mí.

Te alabo, Padre, por la maravillosa y asombrosa bendición de la justicia que me impartiste, como tu siervo, a través de tu Hijo, Jesucristo. Gracias, Señor, porque el diablo es un enemigo derrotado a través de la sangre de Cristo. No temeré al león rugiente. Es un farsante que intenta asustarme, pero está absolutamente derrotado.

La sangre de Cristo anula el poder de la ley que me haría trabajar por la justicia. La ley es ahora mi espejo, no mi amo. Me ayuda a limpiar mi rostro, mi conciencia. La ley no me condena.

Cristo es mi Señor. Su sangre es la obra final y terminada que me redime. La ley me muestra cómo agradar a Dios y me ayuda a entender cuando he entristecido y desobedecido a Dios, pero no me acusa. La sangre ha cambiado eso para siempre conmigo como cristiano del Nuevo Testamento.

No se requieren obras ni logros humanos para mi salvación. Solo necesito creer, solo necesito tener fe en la obra terminada en la cruz.

Gracias, Padre, porque la sangre de Cristo es lo que me libera del pecado. La sangre es la impartición de la justicia de Cristo. La sangre me hace libre del temor a Satanás. La sangre me liberta de la ley del Antiguo Testamento. La sangre me libera de las obras humanas para alcanzar una posición correcta contigo, ¡Oh Señor! Amén.

Lee:

Porque por gracia ustedes han sido salvados mediante la fe. Esto no procede de ustedes, sino que es el regalo de Dios y no por obras, para que nadie se jacte. Porque somos hechura de Dios, creados en Cristo Jesús para buenas obras, las cuales Dios dispuso de antemano a fin de que las pongamos en práctica (Efesios 2:8-10).

Así que, hermanos, mediante la sangre de Jesús, tenemos confianza para entrar en el Lugar Santísimo por el camino nuevo y vivo que él nos ha abierto a través de la cortina, lo cual hizo por medio de su cuerpo. También tenemos un gran sacerdote al frente de la casa de Dios. Acerquémonos, pues, a Dios con corazón sincero y con la plena seguridad que da la fe, interiormente purificados de una conciencia culpable y los cuerpos lavados con agua pura. Mantengamos firme la esperanza que profesamos, porque fiel es el que hizo la promesa (Hebreos 10:19-23).

Ahora, después de haber pronunciado la oración del tabernáculo, ¿cuáles son los pensamientos, ideas, revelaciones o instrucciones específicas que escuchaste durante este tiempo de oración? Dios, a menudo, nos habla en diferentes posiciones. Frecuentemente nos habla acerca de nuestra vida privada y de su amor por nosotros.

Al concluir, por favor, ora así:

Querido Espíritu Santo, lléname con tu poder.
Haz que anhele una vida de oración.
Hazme ver la necesidad y ofrecerme como
voluntario en tu ejército de oración.
Oro esto en el nombre de Jesucristo, el Señor. Amén.

NOTAS

1. R. A. Torrey, "22 Motivating Quotes about Prayer", Christian Quotes, www.christianquotes.info.
2. Billy Graham, "Answers", Billy Graham Evangelistic Association, May 5, 2016, https://billygraham.org.
3. Made Like Christ, "Respected Teachers: Charles Grandison Finney", http://madelikechrist.com.
4. Lex Loizides, "Demonstrations of the Spirit's Power—Charles Finney", Church History Review, https://lexloiz.wordpress.com.
5. Neil and Jamie Lash, "The Power of Brokenness", Jewish Jewels newsletter, March 2012, http://www.jewishjewels.org.
6. Dick Eastman, *A Watchman's Guide to Praying God's Promises* (Every Home for Christ, 2012), 33.
7. *The Fire Bible: New International Version*, eds. Donald Stamps and J. Wesley Adams (Hendrickson 2015), 916. Algunos comentaristas creen que estos versículos no solo se refieren al rey de Babilonia, sino también a Satanás (cf. declaración de Cristo en Lucas 10:18), ya que parece describir la manera en que el diablo se rebeló orgullosamente contra Dios y fue arrojado del cielo. Otros creen que este pasaje se refiere al anticristo del fin de los tiempos, que gobernará a "Babilonia" (el sistema corrupto del mundo) en oposición a Dios y su pueblo. Él también hallará la destrucción final, tal como Satanás y todos los demás que desafiaron a Dios.
8. David Jeremiah, *The Spiritual Warfare Answer Book* (Thomas Nelson, 2016), p. 22.
9. La primera aparición del ángel Gabriel a Daniel en 8:16 y 9:21. Aunque Daniel no nombra al visitante en el versículo 10, suponemos que es Gabriel.
10. Keil-Delitzch, *Commentary on the Old Testament*, vol. 9 (Hendrickson Publishers, 1996), pp. 769-772.
11. Ver Yonggi Cho, *La cuarta dimensión* (Casa Creación).
12. Jack Hayford, "The Holy Spirit: The Great Psychiatrist", Jack Hayford Ministries, 2003, 2010, www.jackhayford.org.
13. G. H. Morgan, citado en E. M. Bounds, The Reality of Prayer, Christian Classics Ethereal Library, https://biblesnet.com.
14. Alexander Groves, "Break Thou the Bread of Life", 1913, public domain, https://library.timelesstruths.org.
15. Dick Eastman, "Prayer Quote—Dick Eastman", September 16, 2010, reformatted, https://prayer-coach.com.

16. La intención de Pablo en Filipenses 2 era mostrar el mayor ejemplo de humildad, algo que quería que los creyentes filipenses emularan.

17. R. Morgan Griffin, "10 Health Problems Related to Stress That You Can Fix", WebMD.com, 2010, www.webmd.com.

18. Oswald Chambers, Utmost: Classic Readings and Prayers from Oswald Chambers (Discovery House, 2013), 73.

19. John Piper, "Be Constant in Prayer for the Joy of Hope", Desiring God, December 26, 2004, www.desiringgod.org.

20. Herbert Lockyer, All the Prayers of the Bible (Zondervan).

21. Focus on the Family, "Praying Together as a Family", Family Q&A, 2011, www.focusonthefamily.com.

22. GBH Insights es una organización de consultoría líder en estrategia de marketing, comportamiento del cliente y análisis.

23. Statista, "Children and media in the U.S.–Statistics & Facts", www.statista.com.

24. Glenn Stanton, "What Is the Actual Divorce Rate?" Focus on the Family, 2015, www.focusonthefamily.com.

25. Wendy Manning, Pamela Smock, and Debarun Majumdar, "The Relative Stability of Cohabiting and Marital Unions for Children", Population Research and Policy Review (2004): 135–59; Anita Joes, K. Daniel O'Leary, and Anne Moyer, "Does Premarital Cohabitation Predict Subsequent Marital Stability and Marital Quality?: A Meta-Analysis", Journal of Marriage and Family 72.

26. Jennifer Roebuck Bulanda and Susan L. Brown, "Race-Ethnic Differences in Marital Quality and Divorce", Center for Family and Demographic Research, Bowling Green State University, Work Paper Series 06–08, p. 26; Rebecca Kippen et al., "What's Love Got to Do with It?: Homogamy and Dyadic Approaches to Understanding Marital Instability", Journal of Population Research, 30 (2013); Elizabeth Marquardt et al., "The President's Marriage Agenda for the Forgotten Sixty Percent", The State of Our Unions (National Marriage Project and Institute for American Values, 2012).

27. Marquardt et al., "The President's Marriage Agenda", 74.

28. Norval D. Glenn, Jeremy E. Ueker, and Robert W. B. Love Jr., "Later First Marriage and Martial Success", Social Science Research.

29. Marquardt et al., "The President's Marriage Agenda".

30. Marquardt et al.

31. Margaret L. Vaaler, Christopher G. Ellison, and Daniel A. Powers, "Religious Influence on the Risk of Marital Dissolution", Journal of Marriage and Family 71 (2009): 917–934; Tyler J. VanderWeele, "Religious Service Attendance, Marriage, and Health", Institute for Family Studies (November 29, 2016).

32. Kippen et al., "What's Love Got to Do with It?"; Marquardt et al., "The President's Marriage Agenda", 74.

33. Kippen et al., "What's Love Got to Do with It?"

34. Jay Teachman, "Premarital Sex, Premarital Cohabitation and the Risk of Subsequent Marital Dissolution Among Women", Journal of Marriage and Family 65 (2003): 444–55; Joan R. Kahn and Kathryn A. London, "Premarital Sex and the Risk of Divorce", Journal of Marriage and the Family 53 (1991): 845–55; Edward O. Laumann et al., The Social Organization of Sexuality: Sexual Practices in the United States (University of Chicago Press, 1994), 503; Timothy B. Heaton, "Factors Contributing to Increasing Marital Stability in the United States", Journal of Family Issues 23 (2002): 392–409; Anthony Paik, "Adolescent Sexuality and Risk of Marital Dissolution", Journal of Marriage and Family 73 (2011).

35. Kippen et al., "What's Love Got to Do with It?"

36. Kippen et al., "What's Love Got to Do with It?"

37. Jan Kern, "Teens and Depression", Focus on the Family, 2011, www.focusonthefamily.com.

38. Ginger E. Kolbaba, "Tuesday Night Revival", Christianity Today, October 1, 2001, www.christianitytoday.com.

39. Dallas Willard, *The Spirit of the Disciplines: Understanding How God Changes Lives* (HarperCollins Publishers, 1988), 186.

40. Franklin Graham, *Through My Father's Eyes* (W Publishing Group).

41. 2 Samuel 24:24; 1 Crónicas 21:24.

42. John Wesley, *The Works of John Wesley*, reprint ed., vol. 1 (Baker Books, 2007), 170.

43. John Gillies, *Memoirs of the Life of the Reverend George Whitefield*, M.A. (Edward and Charles Dilly, 1772), 34.

44. Chris Hodges, "Fasting", Days of Prayer, http://21days.churchofthehighlands.com.

45. Consulte a su médico sobre el ayuno prolongado. Debido a algunos problemas de salud, su profesional médico podría recomendarle ayunar una o dos comidas, pero no ayunos más prolongados.

46. Bill Bright, *7 pasos básicos para un ayuno y una oración exitosos* (Unilit, 2012), 16.

47. David Brainerd a un joven caballero, en su libro *The Life of David Brainerd* (T. Nelson and Sons, 1858), 262.

48. 1 Samuel 13:14; Hechos 13:22.

49. Mark Batterson, *Susurro: Cómo escuchar la voz de Dios* (Nivel Uno, 2017).

50. Génesis 13—18.

51. Génesis 24.

52. Génesis 28:10-22.

53. Éxodo 3:2.

54. Josué 5:2-9.

55. Jueces 6:11.

56. 1 Samuel 3.

57. 1 Samuel 22:1.

58. 1 Reyes 18.

59. Ester 2.

60. Ezequiel 1:1.

61. Daniel 6:10.

62. Jonás 2.

63. C. Austin Miles, "In the Garden", https://hymnary.org.

64. Batterson, *Susurro: Cómo escuchar la voz de Dios* (Nivel Uno, 2017).

65. Dick Eastman, *The Hour That Changes the World* (Chosen Books, 2004), 72.

66. Michael Lipka, "5 Facts about Prayer", Pew Research Center, May 4 2016, http://www.pewresearch.org.

67. Muchos no han escuchado el mensaje del evangelio nunca, ni siquiera una vez. Ver Howard Culbertson, "10/40 Window: Do You Need to Be Stirred to Action?", https://home.snu.edu.

68. Mateo 6:11; ver también Lucas 11:3.

69. Jack Hayford, *Prayer Is Invading the Impossible* (Bridge-Logos).

70. David Wilkerson, sermon predicado el 17 de octubre de 1988, "Hearing the Voice of God!" World Challenge Pulpit Series (Lindale, TX: World Challenge, 2002), www.tscpulpitseries.org.

71. Katherine Weber, "Billy Graham Answers: How Does God Speak to Us Today?" *Christian Post Reporter*, 28 junio, 2016, www.christianpost.com.

72. Jim Morocco, citado en Joel Kilpatrick, "The Spirit's Wind Blows in Hawaii", December 31, 2001, www.charismamag.com. El pastor principal de Maui, James Morocco, y sus pastores asociados oran intensamente. Marruecos también entiende la guerra espiritual. Ya en la década de 1970 escribió su tesis sobre demonología. La suya fue una de las primeras tesis que abordó este tema.

73. Andrew Murray, *The Two Covenants and the Second Blessing* (James Nesbitt and Co., 1899), 2.

74. Billy Graham, "In His Own Words", Billy Graham Evangelistic Association, 2019, https://memorial.billygraham.org.

75. Leer Mateo 24, Marcos 13 y Lucas 21.

76. David Yonggi Cho, *The Holy Spirit, My Senior Partner* (Charisma House, 1989), 53-54.

Acerca de los autores

El Dr. Yonggi Cho fundó la Iglesia Evangélica del Evangelio Completo de Yoido, que es la congregación más grande en toda la historia de las iglesias cristianas. Fue fundada en una carpa con cinco miembros en mayo de 1958, y durante cincuenta y nueve años ha sido guiada por el Espíritu Santo; por lo que ha crecido hasta alcanzar aproximadamente ochocientos mil miembros (incluidas cientos de iglesias satélite). La iglesia sigue creciendo como una congregación enfocada en compartir el amor y la alegría de Dios con los vecinos y con todo el mundo. El pastor Cho enseña de manera convincente principios de fe dinámica en Jesucristo, la espiritualidad de la cuarta dimensión y la dependencia del Espíritu Santo. En 2018, el Dr. Cho celebró sesenta años de ministerio. Literalmente, millones de creyentes en Cristo han sido impactados por su ejemplo y enseñanzas sobre la fe. Como fundador del movimiento de iglecrecimiento "Church Growth International", ha motivado y dado esperanza a cientos de miles de pastores. Como resultado de ello, muchos de esos ministros tienen congregaciones en crecimiento que sirven a miles de personas.

Wayde Goodall tiene una gran pasión por ayudar a los creyentes y líderes cristianos a crecer en su fe y en el entendimiento de las disciplinas y principios que promueven el equilibrio vital y el crecimiento espiritual dinámico. Su experiencia ministerial por más de cuarenta años se destaca en teología práctica, liderazgo, planificación y desarrollo estratégico, consejería y consultoría. El Dr. Goodall brinda a las congregaciones y sus ministros ventajas únicas en cuanto al crecimiento personal cristiano, así como respecto a los principios saludables de liderazgo. Ha escrito y coescrito diecisiete libros y ha desarrollado una revista pastoral galardonada a nivel nacional. El Dr. Goodall y su esposa, Rosalyn, son pastores, entrenadores de vida y educadores que también han servido como misioneros y presentadores de televisión. Ambos son oradores frecuentes en eventos denominacionales, eclesiásticos y gubernamentales, tanto a nivel nacional como internacional.

PRESENTAN:

Para vivir la Palabra

www.casacreacion.com

Te invitamos a que visites nuestra página web, donde podrás apreciar la pasión por la publicación de libros y Biblias:

www.casacreacion.com

Para vivir la Palabra